ANDRÉ HALLAYS

NANCY

H. LAURENS, Éditeur

NANCY

LES VILLES D'ART CÉLÈBRES

(NOUVELLE SÉRIE 21 × 14)

(ANCIENNE SÉRIE 26 × 19)

LES VILLES D'ART CÉLÈBRES

NANCY

PAR

ANDRÉ HALLAYS

Ouvrage illustré de 60 gravures et d'un plan

3ᵉ ÉDITION, REVUE

PARIS

HENRI LAURENS, ÉDITEUR

6, RUE DE TOURNON, 6

1920

AVANT-PROPOS

Cette description de Nancy a été publiée pour la première fois en 1906. Nous pouvons aujourd'hui la rééditer telle quelle. Rien ou presque rien n'a été modifié dans la partie historique de la ville.

Nous ferons seulement observer que l'un des pavillons de la place Stanislas, celui qui abritait l'évêché de Nancy, a été transformé en théâtre. Les changements que l'on a jugé bon d'apporter aux lignes et à la toiture de l'édifice ont gravement altéré l'admirable ensemble conçu par Héré.

Nancy a souffert de la guerre. Il a subi les bombardements des canons à longue portée et des avions. Le quartier voisin de la gare et la ville nouvelle qui depuis un demi-siècle s'était construite au delà de la ligne du chemin de fer, ont été gravement endommagés. Par bonheur aucun des monuments qui étaient la gloire de la vieille cité lorraine, n'a été atteint.

Août 1920.

A. H.

NANCY

CHAPITRE PREMIER

COMMENT FUT BATIE LA VILLE DE NANCY

La beauté de Nancy. — Les origines. — La ville du moyen âge. — René II et Charles le Téméraire. — La ville de Charles III. — La ville de Stanislas. — La ville moderne.

D'autres villes de France s'enorgueillissent de monuments plus anciens ou plus parfaits : la cathédrale de Nancy, œuvre très remarquable de l'architecture du xviiie siècle, ne peut cependant rivaliser avec les sublimes cathédrales d'Amiens, de Chartres, de Rouen, de Reims, de Bourges. D'autres contiennent dans leurs musées ou dans leurs églises des œuvres plus nombreuses et plus précieuses : ce ne sont pas de médiocres richesses que les tapisseries dites de Charles le Téméraire, le tombeau de Philippe de Gueldres, le monument de Catherine Opalinska, *la Bataille de Nancy* de Delacroix, mais on ne les saurait comparer aux trésors accumulés dans les galeries de Lille, de Montpellier ou de Dijon. D'autres, enfin, l'emportent sur Nancy par le pittoresque du site où elles sont assises : on ne peut être insensible à la grâce délicate des coteaux qui enferment la vallée de la Meurthe, et, si on la contemple du plateau de Malzéville ou bien des collines que couronne la forêt de Haye, la grande ville, étalée au milieu des vergers et des prairies où passe la rivière sinueuse et transparente, forme un tableau charmant, — que gâtent un peu les crassins et les cheminées des hauts fourneaux ; mais, malgré ce cadre aimable, elle n'est point de ces cités qui, comme Lyon ou Rouen, doivent à la nature la majesté et la diversité de leurs aspects.

Nancy a reçu toute sa beauté des hommes qui l'ont construit et orné. Avec ses portes pompeuses, ses vastes places régulières, ses façades élégantes, il est, par lui-même, une œuvre d'art exquise. Il n'y a point de ville dont le plan soit mieux dessiné, dont les édifices présentent des dehors plus harmonieux. Aujourd'hui l'on parle souvent de « l'art de bâtir les villes » : en voici le modèle.

Veut-on connaître dans toute sa noblesse et toute sa grâce le goût du XVIIIe siècle, c'est à Nancy qu'il faut aller. Nulle part, même à Bordeaux, on ne saurait découvrir un ensemble d'architectures où se manifeste d'une façon plus claire le style d'une époque. Ailleurs, les événements suspendirent l'ouvrage commencé, et l'on vit plus tard des constructeurs maladroits reprendre les travaux, sans souci des disparates. Ailleurs encore, sous prétexte de « moderniser » la ville, des vandales ou des spéculateurs altérèrent le plan et le décor conçus par les artistes d'autrefois. A Nancy, l'œuvre fut achevée, et, ce qui est plus rare, on l'a respectée. Elle a subi, pendant le XIXe siècle, quelques retouches et quelques dommages, mais le tracé des voies publiques n'a pas été modifié. On n'a point démoli tous les arcs de triomphe où aboutissent les grandes rues de la petite capitale. On a conservé les contours et les perspectives des trois grandes places dont chacune est un pur chef-d'œuvre par la justesse des proportions et la convenance des façades, — plus belles encore par le contraste ingénieux de leurs aspects dissemblables : la longue place de la Carrière, que termine magnifiquement la colonnade du palais du Gouvernement ; la place Royale (appelée aujourd'hui place Stanislas), majestueuse comme un emblème de monarchie, mais dont l'ordonnance presque versaillaise est assouplie, égayée par le caprice des grilles et des fontaines ; enfin la petite place d'Alliance, pareille à un cloître, taciturne, ombreuse, close par de sobres et nobles architectures et dont le silence est seulement troublé par le bruit de l'eau que des fleuves barbus laissent ruisseler de leurs urnes de plomb... Bref, nous avons aujourd'hui sous les yeux la ville créée par les ducs de Lorraine et terminée par Stanislas, l'œuvre parfaite d'une troupe d'artistes admirables : Boffrand, Héré, Guibal, Cyfflé, Girardet, Lamour et bien d'autres.

Voilà l'originalité de Nancy, voilà le genre de beauté qui, dès l'abord, frappe l'étranger. Le souvenir qui se gravera dans notre mémoire sera l'image d'une cité régulière et spacieuse où ingénieurs, architectes, sculpteurs, serruriers, décorateurs ont réalisé une des merveilles du goût français. Nancy, c'est avant tout la ville de Stanislas ; sa séduction lui fut donnée par l'art du xviiie siècle.

Ainsi s'expliquent sa grâce et son prestige. Cependant, à côté de cette ville, fondée par Charles III et embellie par Stanislas, il y en a deux autres : la première, la Ville-Vieille, la citadelle primitive des ducs de Lorraine ; la seconde, plus moderne, qui, au xixe siècle, a d'abord englobé les faubourgs de la Ville-Neuve et, maintenant, envahit peu à peu de ses constructions la campagne environnante. Ni l'une ni l'autre n'offre rien qui soit comparable aux élégances de la ville de Stanislas. Mais l'une raconte la glorieuse chronique du vieux duché de Lorraine ; l'autre présente le spectacle, aujourd'hui bien rare, d'une ville française qui, non contente du progrès de ses industries, défend son génie particulier contre les influences de Paris et prépare, chez elle, avec ses propres ressources, une véritable renaissance artistique.

Les trois villes que ne séparent nulles murailles, nulles barrières semblent maintenant se pénétrer. Chacune cependant conserve son caractère particulier. Pour le saisir, il faut savoir à la faveur de quels événements elles se sont successivement bâties et développées [1].

****

Nancy n'est pas très ancien.

Il y a cent ans environ, à une époque où tout bon historien croyait devoir s'évertuer à décorer sa ville natale d'une origine au moins romaine, l'historien de Nancy, le consciencieux abbé Lionnois, était obligé de confesser que la capitale de la Lorraine était âgée de huit siècles à peine. On n'y trouvera donc, écrivait-il, ni bâtiments, ni monuments, ni tombeaux, ni statues, ni anciens vestiges de la magnificence romaine, ni même de précieux restes des ouvrages des rois d'Austrasie ou des premiers ducs de Lorraine. Depuis Lionnois, les archéologues n'ont rien découvert.

Au midi de Nancy, près de Laneuville, on a exhumé des bronzes antiques parmi lesquels une délicate figurine que l'on voit aujourd'hui dans une des vitrines du Musée Lorrain, la charmante statuette du dieu Lucifer marchant d'un pas alerte au-devant de l'aurore et brandissant le flambeau dont la clarté met en fuite la troupe des étoiles. Au nord, dans un repli de la forêt de Haye, et sur la rive droite de la Meurthe au pied de la côte de Bouxières, on a signalé les traces de très anciennes exploitations de minerais. Mais dans le sol même sur lequel fut

1. Pour l'intelligence de ce chapitre consulter le plan de Nancy placé à la fin de l'ouvrage.

élevé Nancy, on n'a jamais rencontré ni débris ni monnaies qui attestassent que le lieu fut habité à l'époque romaine.

En avril 1895, comme on traçait une rue nouvelle entre l'extrémité du faubourg Saint-Jean et le village de Laxou, la rue des Goncourt, les terrassiers mirent au jour des sépultures mérovingiennes, des armes, des couteaux, des fibules, des colliers, des bracelets qui sont maintenant conservés au Musée lorrain. On en a conclu que, vers le VIe siècle, une *villa* s'élevait sur ce coteau. Or, comme le Cabinet des médailles possède dans ses collections un sou d'or, un *triens* des temps mérovingiens où est écrit *Nanciaco*, lieu de la frappe, on a été tenté d'identifier ce *Nanciacum* avec la station dont on avait trouvé les vestiges dans la rue des Goncourt. Mais là-dessus le doute est permis.

Plus incertaine encore est l'origine du mot *Nanciacum*. Suivant leurs coutumes, les philologues se querellent. Selon les uns, *Nantius* serait un nom propre. Selon les autres, *Nant* serait un radical celtique désignant un marécage. Un jour, un Nancéien s'est même avisé de soutenir que Nancy venait du chinois : *Nan-Soy* (*difficile à détruire*), « parce que le château de Nancy était situé au milieu d'un marais, recouvert maintenant par la place de la Carrière ». L'étymologie est une science respectable, mais pleine de précipices.

L'acte de naissance de Nancy, c'est une charte de 1073. Les bénédictines de l'abbaye de Bouxières étaient alors en dispute avec les moines de Saint-Arnoul de Metz au sujet d'un pont. Parmi les noms qui figurent au bas de l'accord réglant ce litige figure celui d'Odelric, *advocatus in Nanceio*. Quelques années auparavant, Gérard d'Alsace (1048-1070) avait fondé le duché héréditaire de Lorraine et son fils Thierry venait de lui succéder.

**

Les ducs s'établirent bientôt à Nancy, bâtirent un château fort non loin de la Meurthe, entre deux marais : *castrum nanceium*. Dès le XIIᵉ siècle, ils frappaient monnaie. Puis des monastères s'élevèrent dans le voisinage de la forteresse : des religieux venus de Bourgogne fondèrent le prieuré de Notre-Dame qui fut plus tard enfermé dans l'enceinte des remparts et dont l'église n'a été démolie qu'après la Révolution ; les chevaliers de Saint-Jean construisirent une commanderie dont une tour ronde est encore debout dans le faubourg du même nom ; des Bernardins défrichèrent un vallon à l'entrée de la forêt de Haye et y fondèrent le monastère de Clairlieu dont il ne reste plus rien qu'un vieux puits. Au commencement du XIIIᵉ siècle, Nancy était une bourgade, qui déjà possédait son château, son église et ses couvents.

Une catastrophe ralentit l'essor de la cité naissante. La guerre ayant éclaté entre le duc Thiébaut Iᵉʳ et le roi d'Allemagne, le futur empereur Frédéric II, Nancy fut brûlé en 1218. On ne sait si le feu fut allumé sur l'ordre du duc ou sur celui de l'empereur ; mais, au dire d'un chroniqueur, « ne resta maison qui fut entière et qui ne fut en flammes ».

Sous les successeurs de Thiébaut, on releva le château ducal et l'on rebâtit les maisons. Mais la ville resta encore, pendant plus d'un siècle, enfermée dans le rectangle que formaient ses premiers remparts. Il est facile de dessiner ce contour en traçant sur le plan actuel une ligne qui suivrait la rue de la Pépinière, le cours Léopold, la rue Saint-Michel et la Grande-Rue. Hors des murs, s'étendait, au midi, le faubourg Saint-Nicolas, et au nord, celui du Bourget. Au XIVᵉ siècle, sous le duc Jean Iᵉʳ, l'enceinte fortifiée fut portée jusqu'à la place où finit maintenant la Grande-Rue ; elle englobait ainsi le quartier du Petit-Bourget et celui du Haut-Bourget dont les noms déformés par le langage populaire sont devenus Petit-Bourgeois et Haut-Bourgeois : on les peut voir ainsi travestis sur les plaques de deux rues, dans la ville d'aujourd'hui.

La muraille, flanquée de tours, était percée de deux portes principales : la porte Saint-Nicolas et la porte de la Craffe, aux deux extrémités de la Grande-Rue. La poterne Saint-Jean, à l'ouest, ouvrait un passage vers le chemin de la Commanderie ; une autre poterne, que l'on appelait la porte Sacrée, donnait accès aux prairies marécageuses qui s'étendaient entre le rempart et la Meurthe. Dans les rues irrégulières et étroites, pareilles à celles de toutes les villes du moyen âge, s'élevaient des églises et des édifices publics, l'hôpital Saint-Julien, la collégiale Saint-Georges, la collégiale Saint-Michel : tous ces monuments ont disparu. Au milieu du XVᵉ siècle, Nancy comptait environ 5.000 âmes. Ainsi, autour du château fort des ducs se formait lentement une petite place de guerre peuplée de seigneurs, de moines et d'artisans.

L'événement qui fonda la nationalité lorraine, en 1477, assura du même coup l'importance et la prospérité de Nancy. Déjà vaincu par les « pâtres et les bouviers » de Suisse, Charles le Téméraire tenta un effort suprême pour conquérir la Lorraine et réunir les deux tronçons de son empire : Bourgogne et Flandres. Les Lorrains se levèrent alors pour la défense des droits de leur souverain. On raconte que le duc René II s'étant arrêté à Saint-Nicolas-du-Port pour y entendre la messe, au moment où il allait avec ses hommes d'armes rejoindre ses alliés suisses, « passa près de lui la femme du vieux Walter et, sans faire semblant de rien, elle lui donna une bourse, où il y avait plus de quatre cents florins, et le duc baissa la teste, à elle remerciant ». Pour la première fois un sentiment de patriotisme s'était fait jour dans la conscience du peuple lorrain.

La défaite des Bourguignons marqua pour la Lorraine la fin du chaos féodal. Ce duché morcelé, aux frontières incertaines, constitua dès lors une petite monarchie. Elle tint peu de place sur la carte d'Europe, mais par sa situation géographique, par les alliances de ses souverains, par l'activité de son peuple, elle joua un rôle considérable dans l'histoire des États modernes. Durant près de trois siècles, on revit sur tous les champs de bataille la double croix blanche, emblème de la Lorraine, que René Ier avait apportée de son duché d'Anjou et dont le vainqueur du Téméraire avait décoré la housse de son cheval de guerre.

Nancy recueillit gloire et profit de la belle résistance qu'il avait opposée à l'étranger. La forteresse des ducs passa au rang de capitale. Jusqu'à ce jour, disait Pierre de Blarru, auteur de *la Nancéide*, poème épique en vers latins, elle ne méritait d'être appelée une ville que si ce nom se peut donner à un simple *oppidum*. Mais le poète ajoutait :

> *Nanceium vocat hanc vetus incola, nomine quondam*
> *Obcuro, verum gestis jam rebus et armis*
> *Percelebri, et quod nunc argentea pervolat astra.*

Aujourd'hui encore, l'admirable tableau d'Eugène Delacroix, *la Mort de Charles le Téméraire*, que l'on voit au musée de Nancy, n'est point seul à rappeler la page la plus glorieuse de la chronique nancéienne.

Dans la Grande-Rue, la date de 1477, inscrite sur le sol par un pavage noir, indique l'emplacement de la maison de Georges Marquiez où fut apporté le cadavre du duc de Bourgogne.

Sur la porte Stainville, élevée en 1789, et que, depuis, on a appelée la porte Désilles, Sontgen a sculpté en bas-relief le tableau de la bataille de Nancy.

Sur une place du faubourg Saint-Jean, une croix marque le lieu où fut retrouvé le corps de Charles le Téméraire engagé dans les glaces d'un étang. Depuis longtemps, cet étang est desséché ; c'est maintenant un des quartiers de la ville moderne. Quant à la croix, elle fut, à maintes reprises, réparée, démolie, refaite ; celle que l'on voit aujourd'hui a remplacé, sous la Restauration, un monument supprimé par la Révolution et qui lui-même avait remplacé le monument primitif abattu au XVIIe siècle, pendant l'occupation française. Son aspect est humble et inélégant. Qui sait pourtant si nous ne regretterons pas sa simplicité, le jour où l'on aura dressé à cette place le groupe grandiose et compliqué qui, depuis si longtemps, hante l'imagination des artistes nancéiens ?

A côté du cimetière où avaient été ensevelis les soldats bourguignons, on éleva, peu de temps après la bataille, une petite chapelle qui prit le nom de Bonsecours. Du vieux sanctuaire il reste la belle vierge sculptée par Mansuy Gauvain : nous la retrouverons dans l'église que Stanislas éleva sous le même vocable pour la sépulture de sa famille.

Enfin les armes même de Nancy ont perpétué la mémoire de sa défense contre l'envahisseur : le chardon, emblème de la Vierge à qui la ville s'était vouée, devint un symbole d'indépendance que commenta fièrement la devise célèbre : *Ne me toqués, il point. — Non inultus premor.*

**
*

***

Le premier soin des ducs de Lorraine est de consolider et d'augmenter les fortifications de la place. René II fait élever des boulevards pour couvrir la porte de la Craffe et la porte Saint-Nicolas. Le duc Antoine, son successeur, perfectionne encore ce système de défense, en même temps qu'il achève la construction du nouveau palais ducal.

A mesure que s'affermit la puissance et que s'accroît la richesse de l'État, la population de la capitale devient plus nombreuse. La cité ancienne est maintenant trop étroite et de grands faubourgs se bâtissent au delà des portes de la « ville vieille ». En 1551, l'enceinte est élargie vers le levant ; mais les Nancéiens ne profitent pas de et a grandissement ; car il n'a d'autre objet que d'enfermer dans le rempart la Carrière, place réservée aux tournois et aux fêtes de la cour. A la fin du XVIe siècle, Nancy compte près de douze mille âmes, dont la majeure partie demeure hors des murailles, exposée à tous les périls de la guerre. Les maisons mêmes des faubourgs deviennent un danger pour la place : en cas de siège, elles pourraient protéger l'assaillant. Une transformation de la ville est inévitable. Mais comment concilier avec les besoins des habitants les exigences de la défense militaire ?

Le même problème se posa dans toutes les cités, à la fin du moyen âge. Le plus souvent on le résolut en comprenant tous les faubourgs dans un nouveau périmètre de fortifications, de telle sorte que la ville primitive fut le noyau de la ville moderne. La population croissant toujours, on renouvela plus tard l'opération suivant la même méthode. Que l'on jette les yeux sur le plan de la plupart des villes d'aujourd'hui, on y retrouvera le dessin des enceintes successives marqué par les voies qui ont remplacé les anciens chemins de ronde. Paris offre un exemple de ce développement concentrique.

A Nancy, après des hésitations qui durèrent près d'un siècle, un autre parti prévalut. Au lieu d'agrandir la Ville-Vieille, on décida de la conserver avec ses fortifications et d'élever, à côté d'elle, une Ville-Neuve tracée sur un plan nouveau, munie d'un système de défense indépendant.

En 1508, trois grands faubourgs s'étendaient aux portes de la ville : Saint-Dizier au nord, Saint-Thiébaut et Saint-Nicolas au sud. On jeta par terre les maisons du faubourg Saint-Dizier et, pour dédommager les propriétaires dépossédés, on leur donna des terrains dans la Ville-Neuve ; aussi la principale rue reçut-elle le nom qu'elle a gardé de rue Saint-Dizier.

La Ville-Neuve fut bâtie tout entière au midi de la Ville-Vieille. On fit table rase des constructions anciennes, sauf de celles du faubourg Saint-Nicolas : ainsi s'explique comment la rue qui porte ce nom est demeurée seule irrégulière et sinueuse. Les autres voies furent tracées au cordeau. On en ouvrit six dans le sens de la longueur et cinq en « traversantes ». Quelques-unes, au cours des siècles, ont changé de nom. Mais on n'en a modifié ni les tracés ni les alignements. Ce sont encore les rues du Nancy moderne. Dès la fin du XVIe siècle, on leur avait donné une largeur telle que, maintenant, elles sont merveilleusement appropriées à la circulation des piétons et des tramways, dans une ville de cent mille âmes. Un ingénieur italien, Jérôme Citoni, avait donné le plan des bastions et des rues.

La Ville-Neuve sortait de terre, quand Charles III conçut le projet d'en élargir l'enceinte. Il n'avait pu décider Clément VIII à créer un évêché à Nancy ; mais il avait obtenu pour la Lorraine la fondation d'un chapitre primatial. Le primat, chef du chapitre, possédait, à la vérité, des droits mal définis ; il pouvait du moins figurer avec la mître, la crosse, l'anneau et les sandales dans les cérémonies de la cour, et le duc était ainsi dispensé de recourir à l'un des trois évêques de Metz, Toul et Verdun, créatures du roi de France. Il fallait donc bâtir une église primatiale qui, par sa magnificence, rehaussât

un peu la condition de ce prélat sans pouvoir. On chercha un
emplacement dans la Ville-Neuve ; comme on n'en trouva
aucun qui convînt à l'érection d'un grand édifice religieux, on
finit par concéder au chapitre de vastes terrains situés à l'est
du faubourg Saint-Nicolas, et l'on repoussa la ligne des remparts du côté de la rivière. A cette place furent bâties d'abord
une Primatiale « provisionnelle », puis, un siècle plus tard, une
très belle église, aujourd'hui cathédrale de Nancy. Tout
autour on construisit des maisons de chanoines, et ainsi se
forma un quartier paisible qui, jusqu'à nos jours, a gardé le
charme, le recueillement et le silence des lieux ecclésiastiques.

La Ville-Neuve fut ainsi constituée dès les premières années
du XVIIe siècle.

Deux autres cités nouvelles, Livourne et Charleville, ayant
été créées à la même époque, Charles III, fier de son œuvre, fit
frapper une médaille où l'on voit Pâris, juge des trois villes,
offrir la pomme à Nancy la Belle. Il n'en courait pas moins un
dicton populaire selon lequel le duc de Toscane avait fondé
une ville pour les commerçants, le duc de Mantoue pour les
banqueroutiers et le duc de Lorraine pour les moines. Le dicton
disait vrai. Charles III avait beau prendre des mesures draco-
niennes pour obliger ses sujets à bâtir des maisons, les gens
d'église, de justice et de négoce n'auraient point suffi à peupler
la Ville-Neuve, si les ordres religieux n'y étaient accourus en
foule : dans l'espace de quarante années treize monastères
furent bâtis à Nancy.

Les misères de la guerre fondirent sur la Lorraine, puis les
épidémies, puis les famines. Les Français occupèrent, aban-
donnèrent, reprirent Nancy. Les monuments commencés restè-
rent inachevés. Les maisons désertes s'écroulèrent. L'histoire
de la ville depuis la guerre de Trente ans jusqu'à la paix de
Ryswick n'est qu'une longue suite de catastrophes et de

ruines. Mais dès que Louis XIV eût rétabli Léopold dans les duchés de Lorraine et de Bar, Nancy se releva. Les travaux interrompus depuis soixante-dix ans furent repris. Boffrand, appelé par le duc pour lui bâtir un « Louvre », éleva sur la Carrière, dans les rues du Haut-Bourgeois et Saint-Dizier de grands hôtels d'une ordonnance classique, magnifiques modèles dont allait bientôt s'inspirer l'architecte de Stanislas.

Quand le roi de Pologne, successeur de François III, s'efforça, en créant des établissements de bienfaisance et en ordonnant de grands travaux, d'apaiser les révoltes du sentiment lorrain, il ne fit que continuer les projets de Léopold.

Les remparts de la Ville-Vieille s'écroulaient. Le traité de Ryswick avait imposé au duc de Lorraine le démantellement de la Ville-Neuve. Les deux villes restaient séparées par des terrains nus et déserts ; il fallait les réunir, les souder par un quartier nouveau. Dans ce but, Stanislas traça sur les glacis des bastions détruits deux rues, la rue Saint-Stanislas et la rue Sainte-Catherine, créa la Place Royale et la réunit à la place de la Carrière.

Après Stanislas, pendant un siècle, le plan de Nancy ne subit plus que des modifications insignifiantes. Les faubourgs se développèrent lentement. La population vivait au large dans les limites de la Ville-Vieille et de la Ville-Neuve qui désormais n'en faisaient plus qu'une. Il en fut ainsi jusqu'en 1871. Dans les années qui suivirent la guerre, Nancy prit un brusque essor. La proximité de la frontière et l'immigration des Alsaciens-Lorrains accrurent l'importance de son industrie, augmentèrent le nombre de ses habitants. Alors toute une ville nouvelle s'éleva, au delà du cercle des anciens remparts, entraînée vers le couchant par une force irrésistible. Malheureusement, personne ne prévit, personne ne régla l'expansion de cette cité improvisée. Les constructions s'élevèrent de toutes parts sans plan, sans méthode, au hasard des spéculations. Le contraste est criant entre cette ville moderne, toute désordonnée, où il n'y a ni places, ni perspectives, ni jardins, et la ville régulière, commode, spacieuse de Charles III à laquelle Stanislas avait donné d'admirables ombrages, d'admirables perspectives et des places, comme nulle cité n'en posséda jamais.

CHAPITRE II

L'ÉGLISE DES CORDELIERS ET LA CHAPELLE FUNÉRAIRE DES DUCS DE LORRAINE

La Lorraine féodale : Gérard d'Alsace ; les Vaudémont. — La Lorraine au temps de la Renaissance : monument de René II par Mansuy Gauvain ; monument de Philippe de Gueldres par Ligier Richier ; monument du cardinal de Vaudémont par Florent Drouin. — La Lorraine du xvii° siècle : la chapelle ronde ; Callot et les *Misères de la guerre*. — La Lorraine sous Léopold.

La Lorraine est toute là : telle est l'épigraphe qu'un historien lorrain place en tête d'une description de l'église des Cordeliers et de la chapelle ducale de Nancy. Non : toute la Lorraine n'est pas là. Il y a dans son passé des événements glorieux et des noms illustres dont rien, dans ce lieu, n'évoque la mémoire, même pour l'imagination la plus docile à la suggestion des pierres et des images. Mais, malgré l'injure du temps et la malice des hommes, il reste sous ces voûtes assez d'art et d'histoire pour qu'un pèlerinage aux Cordeliers soit le préambule nécessaire d'une étude de Nancy. De vieux plans nous ont permis de dessiner le « portrait » de la ville. Ici nous connaîtrons l'esprit de ses souverains et le génie de ses artistes.

Le couvent des Cordeliers fut fondé par René II pour remercier Dieu de lui avoir donné la victoire sur les Bourguignons. Du monastère même il ne subsiste plus que des bâtiments défigurés et dépourvus de caractère ; la gendarmerie est construite sur les anciens jardins des religieux. Mais l'église, consacréé en 1487, est encore ouverte au culte ; elle est desservie par un chapelain de l'empereur d'Autriche, en souvenir des ducs de Lorraine ensevelis dans la chapelle.

Cette église à une seule nef sans transept est d'une extrême simplicité. Son petit portail à fronton date des premières années du XVIIIe siècle ; la voûte du chœur fut maladroitement remaniée à la même époque. Elle était autrefois remplie de monuments funéraires et ses murs étaient couverts d'épitaphes. La révolution cassa les vitraux, saccagea les tombeaux, viola les sépultures, martela les bas-reliefs et effaça les inscriptions.

Sous la Restauration, l'on voulut réparer l'édifice et lui rendre autant que possible son caractère ancien. Dans le chœur, dévasté depuis 1793, on plaça de précieuses boiseries du XVIIe siècle qui venaient de l'abbaye de Salival et sur lesquelles se détachent six délicates statuettes d'enfants jouant des cymbales, du tambour, de la flûte, du serpent, de la viole et du triangle. Puis, on restaura les monuments anciens à demi épargnés par la Révolution ; on recueillit dans la nef des tombeaux abandonnés qui avaient appartenu à des chapitres ou à des monastères détruits ; on éleva même des monuments nouveaux. Et l'église offre ainsi un singulier mélange de chefs-d'œuvre et de médiocrités. Interrogeons les uns et les autres, en suivant l'ordre des temps.

Un groupe du XIIe siècle représente, dit-on, Gérard Ier, comte de Vaudémont, fils de Gérard d'Alsace, et sa femme Hadwige de Dagsbourg. Par sa facture grossière et sa force d'expression, il rappelle beaucoup la sculpture conservée en Alsace, dans le couvent de Sainte-Odile et où la tradition veut que l'on reconnaisse Odile elle-même et Étichon. Quels que soient les personnages dont elle traduit les traits, cette effigie barbare remonte aux origines de la Lorraine historique, alors que les premiers ducs se débattaient contre leurs voisins, nobles ou ecclésiastiques, pour protéger et élargir le domaine qu'ils tenaient de l'empereur dans l'ancienne Austrasie démembrée, — temps de tueries et de pieuses fondations, car, après avoir terriblement guerroyé contre les évêques de Toul et de Metz, on voulait mériter la clémence divine et assurer à son âme les oraisons d'un monastère.

Henri III comte de Vaudémont (mort en 1332) et sa femme Isabelle de Lorraine gisent sur la même tombe. La tête du comte, ayant été brisée, fut refaite quand on apporta la statue aux Cordeliers. Nous ignorons donc le visage de ce grand batailleur, un des plus turbulents de la turbulente noblesse lorraine, sans cesse en révolte contre l'autorité ducale. Il avait si bien battu son suzerain, Thiébault II, que celui-ci, pour en finir avec le rebelle, fut obligé de lui donner la main de sa sœur.

Il faut s'arrêter un peu plus longtemps devant le tombeau d'Antoine de Vaudémont (mort en 1447) et de Marie d'Harcourt, son épouse. Les niches du sarcophage abritent de fines statuettes, dont certaines furent épargnées par les restaurateurs. Parmi tous les Vaudémont en qui, durant le moyen âge, s'est incarné l'esprit belliqueux et intraitable de la chevalerie, le plus célèbre et le plus habile fut ce comte Antoine. Son père était tombé sur le champ de bataille d'Azincourt ; mais lui-même entra dans le parti bourguignon pour y disputer à René d'Anjou le duché de Lorraine. René vaincu fut mené captif à Dijon. Cependant Antoine que ses alliés avaient dupé, se réconcilia avec son rival, et la tragédie finit par un mariage. Le fils d'Antoine épousa la fille de René. La maison de Vaudémont fut appelée à recueillir la couronne de Lorraine. Elle la recueillit, trente-huit ans plus tard, à l'avènement de René II, et ainsi se termina « cette éternelle bataille qui, dit Michelet, avait été la vie des pays lorrains ».

Quels merveilleux effets produisit ce mélange du sang lorrain et du sang angevin, comment les trois grands princes qui gouvernèrent la Lorraine durant le XVIe siècle, René II, Antoine et Charles III unirent le courage et le goût des armes, qu'ils tenaient des Vaudémont, à l'intelligente bonté et à l'amour des arts qu'ils avaient hérité du roi René, on le peut voir dans cette église des Cordeliers ; et désormais, pour ressusciter le passé, nous avons sous les yeux autre chose que des épitaphes reconstituées ou des statues affreusement mutilées.

René II, dans son testament, avait demandé qu'on lui fît une sépulture modeste : « Et voulons que sur notre corps soit fait un monument de cuivre en forme platte, de haulteur seulement qu'en soy agenouillant à l'encontre, l'on puisse tenir un livre en main et reposer ses bras dessus, et sur le dit monument la pourtraiture insculpée de notre image, avec une épitaphe aussi insculpée à l'environ. » Philippe de Gueldres, sa veuve, n'exécuta point cette volonté ; elle commanda au sculpteur Mansuy Gauvain un tombeau magnifique. Ce monument n'est pas venu jusqu'à nous tout entier. La statue du duc et celle de la Vierge, le rideau rouge peint au fond de la niche, la plaque de marbre où est gravée une épitaphe, d'ailleurs fautive, datent de 1818. Mais la grande décoration de pierre qui encadre les images est celle que sculpta Mansuy Gauvain et que peignit Pierquin Fauteret. Les ornements des pilastres, les sculptures des écussons, les statuettes des saints, de la Vierge et de l'ange sont à peu près intacts. Dans ce genre d'ouvrage, la Renaissance tourangelle n'a rien produit de plus délicat, de plus achevé.

Quand, après la mort de son mari, Philippe de Gueldres se fut acquittée des soins de la régence, elle entra dans le couvent des Clarisses de Pont-à-Mousson. Elle passa la fin de sa longue existence dans le renoncement, la prière et la pénitence, adonnée aux infimes besognes de la vie monastique. Elle mourut à

85 ans, ayant demandé qu'on l'ensevelît dans le cimetière des religieuses et que l'on mît sur sa tombe un simple crucifix de pierre. Son vœu fut exaucé : le petit monument a été naguère retrouvé et déposé dans le Musée Lorrain. Mais les petits-fils de Philippe avaient commandé à Ligier Richier « une statue de marbre artistement travaillée », et ils la firent placer dans la chapelle des Clarisses. Elle demeura cachée sous les décombres du monastère, après la Révolution, et fut recueillie dans l'église des Cordeliers, en 1822. C'est une des sculptures les plus émouvantes qu'ait exécutées le génie réaliste de Ligier Richier. La vieille Clarisse aux traits émaciés et ridés, repose, les deux mains croisées, dans la paix de la mort, — vision tragique, et que rend plus saisissante encore l'opposition du manteau de marbre gris et de la robe de marbre noir avec les tons d'ivoire des chairs exsangues. Aux pieds de la gisante une religieuse, le voile baissé, tient la couronne de Lorraine.

Dans le chœur des Cordeliers, il reste un fragment du tombeau d'un jeune cardinal de Vaudémont (mort en 1587), évêque de Toul et de Verdun. C'est une statue agenouillée. Elle était jadis placée sous un édicule aux pilastres ioniques et entourée des quatre docteurs de l'Église latine. L'édicule a disparu et les quatre docteurs ont été portés dans la cathédrale où nous les retrouverons. La statue est seule demeurée à sa place. Le visage et l'attitude du cardinal en prière expriment à merveille la ferveur et l'humilité ; mais son manteau se plisse lourdement, défaut que l'on relève dans d'autres œuvres de Florent Drouin.

Mansuy Gauvain, Ligier Richier et Florent Drouin, sont les trois grands noms de la Renaissance lorraine et, à contempler leurs œuvres, on aperçoit aussitôt les étroites affinités de cette Renaissance lorraine avec la Renaissance française. Les ducs du xvie siècle ont constitué la nationalité de leur pays ; mais en même temps, ils en ont francisé le goût. Antoine fut l'ami de François Ier. Charles III fut élevé à la cour des Valois : Michel l'Hospital lui avait enseigné la politique et Ronsard la poésie.

« Arrête-toi ici, passant et admire. Autant de ducs de Lorraine ensevelis ici, autant de héros. Autant de duchesses, autant de femmes courageuses. Autant de leurs enfants, autant de princes nés pour l'empire et plus dignes encore du ciel. » Cette inscription dont la traduction affaiblit la pompe latine surmonte le portique par où l'on passe de l'église dans la chapelle funéraire des ducs de Lorraine.

Le vœu de Charles III, le fondateur de ce monument, a été à peu près exaucé. Les restes des princes de sa dynastie reposent dans les caveaux de la chapelle ronde. Peut-être y sont-ils confondus avec les restes de quelques bourgeois de Nancy. Les tombes furent violées en 1793, et quand, sous la Restauration, on alla rechercher les ossements dans le cimetière où les révolutionnaires les avaient relégués, on accorda, peut-être, sans le vouloir, les honneurs de la sépulture ducale à quelques squelettes de roturiers. Mais cela ne diminua point le prix de l'hommage que les Lorrains rendirent à la mémoire de leurs anciens souverains en relevant les cénotaphes de marbre, en restituant, tant bien que mal, les épitaphes anciennes et surtout en restaurant l'édifice.

Charles III avait conçu l'idée de cette chapelle, un an avant sa mort, à l'imitation de la *Capella Medicea* que les ducs de Toscane venaient de faire construire à San Lorenzo de Florence, sur les plans de Matteo Nigetti et don Giovanni Medici. Il confia le soin de cet ouvrage à Jean Richier, petit neveu de Ligier, et à Jean-Baptiste Stabili, un Italien qu'il avait chargé d'établir les défenses de la Ville-Neuve. Ses successeurs achevèrent cette entreprise ; mais, faute de ressources, ils se résignèrent à faire exécuter un décor moins brillant et moins riche que celui de la chapelle florentine.

Le monument présente un plan octogonal. Sur chaque face, entre des colonnes, se dresse un grand cénotaphe de marbre noir où sont posés les emblèmes de la souveraineté : la couronne, le sceptre et la main de justice. Au-dessus d'une première corniche s'ouvrent des fenêtres que séparent des médaillons et des trophées. L'édifice s'achève par une grande coupole sculptée portant à son sommet une lanterne d'où tombe la lumière. Deux anges qui semblent sortir d'un ciel peint et descendre vers les tombeaux font, là-haut, un pitoyable effet. Mais la clarté qui se répand du dôme et les lueurs que laissent passer les vitraux violets des fenêtres baignent d'un jour triste et funèbre les marbres et les sculptures.

Un autel placé sous le vocable de Notre-Dame de Lorette occupe le centre de la rotonde. Il fut élevé par le duc François III devenu empereur. Il est orné de belles sculptures du xviiie siècle : une Vierge, deux anges et surtout un admirable Christ au tombeau, dont on ignore les auteurs.

La plus grande beauté de cette chapelle ducale, c'est sa coupole, divisée en caissons où alternent des monogrammes, des chérubins et des anges qui lèvent leurs mains jointes dans un joli mouvement d'adoration, bas-reliefs charmants dont les cadres réguliers n'alourdissent pas la courbe élégante de l'architecture. C'est l'œuvre de Siméon Drouin (aucun lien de parenté, croit-on, ne le rattache à Florent Drouin, le sculpteur du xvie siècle). La coupole fut terminée en 1632.

Il faut remarquer cette date de 1632. L'année même où s'achève le monument élevé à la mémoire des souverains de la Lorraine indépendante, Charles IV est contraint par Richelieu de signer le traité qui remet au roi de France Stenay, Jametz, le bailliage de Clermont et commence le démembrement de la Lorraine. Alors s'ouvre pour ce malheureux pays une ère de désastres et de misères. « Il faut, écrivait un contemporain, que je vous donne un chapitre de la ruine du duc Charles et de la désolation du plus beau pays et du peuple le plus heureux de tout le monde. Imaginez-vous de grands bourgs pleins d'habitants, arrosés de belles rivières, dont les bords étaient couverts de bestiaux de toutes sortes ; des collines plantées, partie de vignes, et partie de bois ; des plaines si fertiles qu'à peine si on peut serrer les blés et menus grains qu'elles produisent ; des paysans *avec des vitres à leurs fenêtres et chacun le grand gobelet d'argent au coffre* et vous n'aurez qu'une idée grossière de l'état de cette fortunée province, avant la guerre. Je ne vis jamais l'image de l'abondance si bien peinte, ni de tableau qui ne représente mieux la félicité de cette vie. Cependant le malheur et la mauvaise conduite du duc Charles et peut-être l'un et l'autre a réduit toute cette magnificence de la nature et de l'art en un désert horrible, il n'y a presque plus personne qui ait été témoin de son bonheur et de celui de ses sujets. »

Rentrons dans la nef de l'église. Voici le monument maladroitement restitué de Jacques Callot. (Le monument primitif placé dans le cloître des Cordeliers a été détruit au xviiie siècle, la muraille à laquelle il était adossé s'étant écroulée.) On a voulu parfois faire du grand dessinateur l'historien des malheurs de la Lorraine, et voir dans ses *Misères de la guerre*, comme une chronique des scènes de carnage et de désolation qu'il avait eues sous les yeux. Mais ces célèbres dessins ont été exécutés avant l'occupation de la Lorraine par Louis XIII. La légende n'en a pas moins fait de Callot, un des héros du patriotisme lorrain. Quand Louis XIII prit possession de Nancy, il demanda, dit-on, à Callot de représenter dans une suite de gravures ses derniers exploits, l'artiste répondit qu'il croyait ne devoir rien faire contre l'honneur de son prince et de son pays ; et, comme des courtisans lui reprochaient ce refus hautain, il répliqua : « Je me couperai plutôt le pouce. » Patriotisme obstiné que le peuple de Lorraine ne cessa de montrer au milieu des pires calamités, patriotisme deux fois méritoire, car jamais prince ne fut moins digne de la fidélité de ses sujets, que ce Charles IV, capitaine de génie sur le champ de bataille, mais qui décevait ses alliés, ses ennemis et le sens commun par ses frasques, ses bouffonneries et ses extravagances.

Non loin du monument de Callot, on a, en 1840, dressé devant une pyramide affreuse un buste détestable du duc Léopold. Le prince qui, au commencement du xviiie siècle, pansa les plaies de la Lorraine et dont la mémoire est restée chère aux modernes lotharingistes, eût mérité mieux que cette pauvre effigie. Deux très belles statues de César Bagard, sculpteur nancéien du xviie siècle, encadrent la pyramide et en font ressortir la laideur. Elles ornaient autrefois le tombeau d'un évêque de Toul dans la chapelle du collège des Jésuites. Si sotte que soit cette manie de dépecer les monuments (on verra au Musée Lorrain un autre fragment du même tombeau), il ne faut point regretter que ces deux statues aient trouvé place dans l'église des Cordeliers pour y rappeler le souvenir d'un des meilleurs artistes de la Lorraine.

Sur la muraille de l'église, parmi quelques tableaux médiocres, on peut distinguer deux peintures de Claude Charles : la *Rencontre d'Eliézer* et le *Mariage d'Isaac*, faciles, mais sans accent. Ce Claude Charles, disciple infatigable de Carlo Maratta, fut un peintre célèbre, au temps de Léopold. Avec les remarquables sculptures de l'autel de la chapelle ronde, elles représentent l'art du xviie siècle, sous la dynastie nationale.

Les Cordeliers sont le sanctuaire de la Lorraine indépendante. C'est ailleurs que nous rencontrerons les œuvres et les souvenirs de la Lorraine de Stanislas, de la Lorraine française.

CHAPITRE III

LA VILLE-VIEILLE

La porte de la Craffe. — Rues, maisons, hôtels, portes, cours, fontaines.
— Saint-Evre : l'ancienne église et l'église neuve. — Le palais
ducal : la porterie ; la galerie des cerfs ; la pompe funèbre de
Charles III. — Le musée lorrain : les épaves du vieux Nancy ; le
tombeau de René de Beauvau et de sa femme ; le lit du duc Antoine ;
les tapisseries dites de Charles le Téméraire ; céramique ; numismatique ; gravures, etc... — La Carrière.

La Ville-Vieille occupait l'espace compris dans le Nancy
moderne entre la Pépinière au levant, le cours Léopold au
couchant, la porte de la Craffe au nord, la rue de la Pépinière
au midi. Une voie à peu près directe, la Grande-Rue, la tra-
versait dans toute sa longueur.

Pénétrons dans cette Ville-Vieille par l'entrée septentrionale,
la porte Notre-Dame ou porte de la Craffe. De cette dernière
appellation notons au passage les étymologies diverses et
incertaines : la porte aurait été, dit-on, bâtie par un gentil-
homme napolitain nommé Caraffa ; selon quelques historiens,
elle tirerait son nom de l'allemand *Kraft*, à cause de la force de
ses défenses ; selon d'autres, le mot est d'origine française :
craffe (coquillage) allusion à certains motifs sculptés sur les
pieds-droits, ou bien *graffe* (crampon) pour rappeler une parti-
cularité de la construction.

En venant du faubourg, on rencontre une première porte où

trois ouvertures rectangulaires s'encadrent entre des pilastres rustiques. Au-dessus de l'un et de l'autre des deux passages latéraux s'ouvre une niche. Le bâtiment est surmonté d'un fronton triangulaire entrecoupé d'une niche centrale qu'entourent des canons et des drapeaux.

C'est la pure architecture de la Renaissance. La date de 1598 est inscrite sur la muraille. De l'ancienne sculpture il reste seulement des trophées. Les armes de Lorraine qui ornaient le dessus de la porte principale ont été supprimées. Dans les deux niches creusées sur les côtés on a placé des statues allégoriques, très dégradées aujourd'hui et que l'on suppose non sans vraisemblance avoir décoré les bosquets du jardin ducal. Dans la niche centrale, une statue moderne de Charles III, œuvre de Jorné Viard, a pris la place d'une Vierge détruite en 1792.

La façade intérieure de ce même bâtiment a subi, elle aussi, quelques mutilations. Mais l'encadrement de la porte avec ses riches trophées et ses énergiques bas-reliefs donne une belle idée du talent de Florent Drouin qui le sculpta.

Cette porte passée, nous sommes dans la citadelle formée par des bastions qu'au XVIe siècle les ducs élevèrent sur ce point contre les ennemis du dehors et des fortifications qu'en 1634, les Français bâtirent contre la ville même.

Quelques pas plus loin se dresse la porte de l'enceinte précédente, construite par le duc Jean Ier, à la fin du XIVe siècle. La façade tournée vers le dehors porte encore la marque de la Renaissance, car elle a été rebâtie par René II, après la défaite du Téméraire. En souvenir de la Lorraine sauvée, le duc victorieux avait placé sur la muraille une *Annonciation*, et, au-dessus de la sculpture, quelques vers gravés dans la pierre invitaient quiconque entrait dans la ville à saluer d'un *Ave Maria* la protectrice de Nancy. L'inscription et l'ex-voto furent martelés par la Révolution, mais le nom de Notre-Dame est demeuré dans la mémoire populaire. A vrai dire, ce nom est donné le plus souvent à la porte de la citadelle, et l'on a coutume de nommer la porte de la ville porte de la Craffe.

Du côté qui regarde Nancy l'édifice se présente à peu près sous son aspect primitif. Deux grandes tours rondes, coiffées de lanternes élégantes, flanquent le corps de logis principal, la prison. La porte est de forme ogivale. Il n'y a pas beaucoup plus de quarante ans que le monument a été remis dans cet état. Au xviie siècle, pendant l'occupation française, on avait plaqué sur cette façade gothique des pilastres doriques et un fronton triangulaire. C'est le génie militaire qui a fait tomber ce décor classique. Malheureusement, emporté par son zèle, il a voulu orner à sa façon la vieille muraille : il y a sculpté des portraits fantaisistes ; il y a placé la croix de Lorraine et le chardon de Nancy, sans songer que ces emblèmes étaient encore inconnus à l'époque où la Craffe fut bâtie ; enfin il y a inscrit des dates qui mettront dans un affreux embarras les archéologues des siècles à venir, car elles ne répondent à rien dans l'histoire de l'édifice.

Ces deux portes, celle du xive et celle du xvie siècle, forment un ensemble grandiose et émouvant. Sans doute, isolées par la destruction des remparts, placées de plain-pied avec la ville par le nivellement du terrain, les architectures ont perdu à la fois de leur force et de leur légèreté. Malgré tout, il faut louer les Nancéiens de ne les avoir pas abattues, sous prétexte de « faciliter la circulation ». Ils ne possèdent aucun monument plus ancien ni plus glorieux : ce fut sous la Craffe que, jusqu'au jour où s'éleva la Ville-Neuve, les ducs de Lorraine passèrent pour faire leur entrée dans la capitale de leur duché.

*_**

Dans l'intérieur de la Ville-Vieille il subsiste peu de chose des édifices d'autrefois. Couvents et églises furent détruits pendant ou après la Révolution. C'est à peine si l'on en découvre maintenant quelques épaves dispersées : les fonts baptismaux de Notre-Dame recueillis au Musée Lorrain, le portail transporté à Remicourt ; quelques restes du vieux Saint-Èvre, démoli en 1863, que nous retrouverons dans les musées ; la statue de Notre-Dame de Bonne-Nouvelle qui, au XVIIIe siècle, fut transférée de la Collégiale Saint-Georges dans l'église primatiale. Les seuls monuments encore debout sont la chapelle des Cordeliers et un bâtiment du palais ducal.

Mais la ville n'a point encore perdu sa physionomie ancienne ; le tracé de ses rues étroites et pittoresques n'a pas été partout régularisé. Ce ne sont pas seulement quelques vocables, comme la rue du Cheval-Blanc, la rue du Maure-qui-Trompe, le Haut et le Petit-Bourgeois qui lui ont gardé son air d'autrefois. Ici une petite tourelle surplombe de son encorbellement le coin d'une ruelle sinueuse ; là, une enseigne sculptée se détache sur le mur d'une maison. Et les façades, les portes, les cours des logis privés, évoquent encore la vie et les goûts de la vieille Lorraine.

Il ne faut pas, à la vérité, vouloir remonter plus haut que 1450. Les vestiges du moyen âge sont infiniment rares. Mais la Renaissance a laissé dans les rues de la Ville-Vieille de charmants morceaux d'architecture et de décoration. Le plus précieux, l'exquise façade de l'hôtel Lunati-Visconti qui rappelle par son dessin et par ses ornements la maison dite de François Ier, maintenant au Cours la Reine, a disparu de la place qu'il occupait rue de Guise ; mais on le peut voir aux portes de Nancy, dans le château de Renémont où il a été réédifié pierre par pierre. D'autres sont demeurés intacts dans la ville : la cour de l'hôtel d'Haussonville avec ses fines galeries, la façade harmonieuse et le bel escalier de l'hôtel Lillebonne, la jolie fontaine de l'ancien hôtel du marquis de Ville où, entre deux cariatides, se dresse un dieu marin. Dans la rue Saint-Michel (numéros 4 et 6) et surtout dans la Grande-Rue (numéros 23, 29, 92, 139) des demeures plus modestes présentent de petites portes surmontées d'écus et d'armoiries et, au bout de longs couloirs obscurs, des cours étroites, irrégulières, où règnent des balcons de pierre : des consoles y supportèrent jadis des bustes, des niches y abritèrent des statues. L'art de ces ornements est sobre, un peu lourd, robuste, discret, et l'on remarque en général plus de recherches dans le décor des cours que dans celui des façades : peut-être à ces diverses particularités reconnaîtra-t-on quelques traits du caractère lorrain.

La Ville-Vieille ne fut pas dépeuplée par la création de la Ville-Neuve. La noblesse continua d'y demeurer ; souvent elle s'y fit bâtir des hôtels d'un goût plus moderne. C'est ainsi qu'aujourd'hui dans ces mêmes quartiers où tant de détails d'architecture rappellent le souvenir de la Renaissance, on rencontre aussi de belles maisons du XVIIe siècle ou même du XVIIIe, comme l'hôtel de Ludre et l'hôtel des Loups.

Lorsque Boffrand fut appelé à Nancy par le duc Léopold, il dirigea de nombreux travaux dans la Ville-Vieille. Il construisit, en 1721, l'hôtel de la Monnaie qui, après avoir reçu des affectations diverses, est aujourd'hui devenu le dépôt des archives départementales. Il reçut aussi la commande d'un grand nombre d'hôtels privés. Presque toutes les constructions de la rue du Haut-Bourgeois datent de cette époque : elles montrent une grandeur et une noblesse singulières. L'hôtel de Fontenoy (numéro 4) et l'hôtel de Mahuet (numéro 6) font penser par la simple majesté de leurs lignes aux hôtels qui, dans le même temps, s'élevaient à Paris, dans le faubourg Saint-Germain. Le plus vaste et le plus grandiose (à ses immenses pilastres on reconnaît tout de suite la manière de Boffrand), c'est l'hôtel du Ferrary (numéro 29). Sa façade, d'ailleurs, n'est point seule digne d'attention : d'aimables peintures décorent la voûte de la porte cochère et, au fond de la cour, dans une large niche peinte, coule une fontaine au-dessus de laquelle, entre deux groupes d'enfants qui jouent avec des dauphins et des monstres, un Neptune couronné brandit son trident.

Au milieu de la Ville-Vieille s'élève la grande église neuve qui a remplacé la plus ancienne des églises de Nancy : Saint-Evre.

Le vieux Saint-Evre était fort délabré quand, en 1863, furent décidées sa démolition et sa reconstruction. Bâti au milieu du xve siècle, il ne présentait pas une rare beauté d'architecture. C'était une petite église ogivale construite sur un plan fort irrégulier. Une tour carrée, qui avait perdu sa flèche depuis le xviiie siècle, surmontait le portail. Cependant les mille souvenirs du passé lorrain évoqués par les tombes, les reliques et les autels de Saint-Evre auraient pu préserver l'édifice de la destruction. On fit bon marché des souvenirs ; on rasa l'édifice. On aurait pu recueillir dans la nouvelle église les œuvres d'art qui paraient l'ancienne. On les dispersa. Quelques-unes furent portées dans les musées de Nancy. Une *Pieta* du xve siècle reprit sa place dans le sanctuaire.

Le nouveau Saint-Evre est surtout remarquable par la rapidité que l'on mit à le construire. La première pierre fut posée en 1864. L'église fut consacrée en 1879. Ce fut un prêtre d'une inlassable activité, l'abbé Trouillet, qui accomplit ce miracle.

Sous tous ses aspects, ce monument néo-gothique cause une assez fâcheuse impression. Si l'on vient de la place de la Carrière et que l'on sorte de l'élégant hémicycle bâti par Héré devant le palais du Gouvernement, on est surpris de rencontrer ce pastiche d'architecture ogivale dans le voisinage de tant de beautés classiques. Débouche-t-on des rues tortueuses de la Ville-Vieille, on demeure confondu devant cette masse de pierre, isolée sur une place trop vaste, et que rien ne rattache à la vie séculaire de la cité.

L'œuvre de l'architecte Morey ne manque sans doute ni de science ni de logique. La flèche de pierre se dresse au-dessus de la façade avec une certaine légèreté. Mais les lignes de l'édifice paraissent sèches et ses formes efflanquées. On admire la foi et la volonté qui, en quinze années, élevèrent et décorèrent cette immense église. Mais on souhaiterait plus de vie et de caractère aux sculptures des portails ; on voudrait que les quatre sujets de cuivre doré, emblèmes des quatre évangélistes, placés sur le perron de l'église, ne semblassent pas détachés du monument ; on regrette que les vitraux de Car Geyling soient dessinés si dûrement, colorés si froidement, disposés au hasard sans aucun plan d'ensemble ; on déplore la pauvreté d'invention des portes, de la chaire, du maître-autel et du banc d'œuvre, si délicatement exécutés par l'alsacien Klem ; on pense enfin que le reste du mobilier de l'église laisse voir trop clairement qu'il fut fabriqué en Bavière.

Sur la place du vieux Saint-Èvre s'élevait une petite fontaine surmontée d'une statue équestre de René II. La statue qui datait de 1828 était ridicule ; mais la fontaine qui lui servait de piédestal était d'une rare élégance : exécutée par Mengeot, architecte de Léopold, pour la place de la Carrière, elle avait été déplacée lors des grands travaux de Stanislas. On a relégué le piédestal et la statue dans le jardin du Musée Lorrain. Depuis 1883, on les a remplacés par une fontaine de l'architecte Cuny qui ne vaut pas celle de Mengeot et par une bien jolie statue, nerveuse et délicate, du sculpteur Mathias Schiff.

*_**

C'est encore le nom de René II qui est attaché à la construction du palais ducal. Après sa victoire sur le duc de Bourgogne, le duc de Lorraine s'était un instant flatté de recueillir tout l'héritage de la maison d'Anjou, mais l'Anjou et le Maine avaient fait retour à la couronne dont ils étaient des apanages ; la Provence s'était donnée à la France, et Charles VIII avait affirmé que la conquête du royaume de Sicile ne regardait que lui-même. René renonça à ses illusions et se consacra au gouvernement de son duché.

Un de ses premiers soins fut de rebâtir le vieux palais à demi ruiné de ses prédécesseurs. Les travaux commencèrent en 1502 et furent conduits par Jacot de Vaucouleurs « maître des œuvres du duché de Lorraine ». Antoine (1508-1544) fit achever la Porterie et la galerie des Cerfs. Ses successeurs agrandirent et embellirent le palais. Louis XIV déclarait que c'était « une vieille, grande, commode maison ». Mais les bâtiments se détériorèrent durant les longues guerres du XVIIe siècle. Léopold conçut le projet qu'il ne put achever de bâtir un palais magnifique, « un Louvre ». Nous verrons comment Stanislas réalisa un dessein plus modeste et fit élever par Héré le palais du Gouvernement.

Les travaux de Léopold et de Stanislas avaient à peu près respecté une partie des constructions de la Renaissance, le bâtiment dont la ravissante façade borde la Grande-Rue. En 1792, un bataillon de fédérés saccagea cette façade et en brisa toutes les sculptures. En 1849, on la restaura et, à la place de la statue jadis sculptée par Mansuy Gauvain et détruite par les révolutionnaires, au-dessus de la grande porte, Jorné Viard exécuta la statue équestre du duc Antoine. L'année suivante

on installa le musée lorrain dans la galerie des Cerfs. Mais le
17 juillet 1871, un grand incendie dévora une partie des collections du musée et ruina, une fois de plus, ce qui restait du palais de René II. L'architecte Bœswilwald répara l'édifice et le
remit dans l'état où nous le voyons. Nous avons donc sous les
yeux un monument presque neuf, du moins dans son décor,
mais la grâce du dessin primitif, la délicate justesse des proportions, la fidélité avec laquelle on refit les sculptures orne-
mentales justifient les Lorrains d'avoir choisi ce monument
pour y placer le trésor de leurs antiquités.

La façade — allongée en 1875 — présente de jolis balcons
de pierre soutenus par des grotesques et, sous la corniche, une
élégante torsade de pierre. Sur le faîte de la toiture court une
fine crête de métal dentelée.

La plus grande des deux portes est formée d'un cintre entre
deux pieds-droits sculptés ; une grande décoration de pierre
la surmonte et dresse jusqu'au-dessus de la corniche ses tiges
fleuronnées, ses panaches fleuris, couronnant d'un fronton
dentelé, ciselé, ajouré, la niche où chevauche le duc Antoine.
La Renaissance y encadre de ses arabesques les plus délicates
les caprices les plus imprévus de l'ogival flamboyant. Au sommet du monument, une dernière niche abrite les bustes affron-
tés d'Antoine et de René II.

Deux génies soutiennent les armes de Lorraine au tympan
de la porte basse — la porte de Masco, comme l'avait nommée
le peuple, en souvenir de la touchante hospitalité qu'un petit
savoyard mourant de faim et de froid reçut un jour de l'ours
Masco, lequel au temps du duc Léopold avait sa niche dans la
galerie voisine.

Du vestibule du palais une galerie ouverte s'étend jusqu'à la
tour de l'Horloge, dont le large escalier en vis conduit à la
galerie des Cerfs.

Cette salle superbe, que décoraient jadis des trophées de chasse et dont les murs étaient couverts de peinture, a reçu de Bœswilwald une décoration assez banale. C'est aujourd'hui la grande salle du Musée Lorrain.

Si l'on veut ici évoquer les fastes de la cour de Lorraine, et les magnificences du vieux palais, il faut se pencher sur une des vitrines du musée et y contempler la longue suite d'estampes où Claude de la Ruelle fit graver la pompe funèbre du duc Charles III.

C'était un proverbe lorrain que les trois plus magnifiques cérémonies qui se pouvaient voir en Europe étaient le couronnement d'un Empereur à Francfort, le sacre d'un roi de France à Reims, et l'enterrement d'un duc de Lorraine à Nancy. Les cérémonies de l'enterrement de Charles III durèrent deux mois et quatre jours. Feuilletons les gravures et le récit de Claude de la Ruelle.

Le duc meurt le 14 mai, on l'embaume et son corps est porté le surlendemain dans la *Chambre des Trespas* où il reste, recouvert de velours et de draps d'or, sous un grand dais, parmi les cierges, gardé par des valets de chambre en deuil et des gens d'église qui psalmodient. On l'y laisse jusqu'au 8 juin pour permettre aux marchands de Nancy de réunir tous les velours, serges et draps qu'il faudra pour le deuil de la Cour.

Le 8 juin, la salle d'honneur (cette partie du palais a été détruite) est tendue de tapisseries. Au haut de la salle, sur une large estrade entourée de balustres, on dresse un lit d'honneur, au-dessus duquel est élevé un grand dais que décorent des alérions et des cornes d'abondance. Autour du lit, on dispose des chandeliers et une croix d'argent surchargés de pierreries, puis la chapelle et le prie-Dieu du duc, et enfin sa table et son fauteuil pour le couvert. Une effigie du défunt est couchée sur le lit d'honneur, vêtue d'un pourpoint de soie cramoisie, d'une tunique d'or et d'un manteau à la royale, fourré d'hermine mouchetée, dont les plis retombent jusque sur les pieds du lit. Elle est coiffée d'un petit bonnet rond constellé de diamants et de perles. Sa tête reposé sur des oreillers de drap d'or frisé d'or. Sur d'autres oreillers on a mis le sceptre et la main de justice.

Dès que la salle est ouverte on y introduit les gentilshommes et les officiers de la cour, les hauts fonctionnaires du duché, les prélats et les chanoines. Après le chant des Vigiles et les thurifications, commence l'extraordinaire simulacre du souper de l'effigie.

Au couvert pour feue Son Altesse ! crie un huissier de la salle et les fourriers dressent la table. *A la viande pour feue Son Altesse !* crie le même huissier, et les pages vont à la cuisine chercher les mets. Ils en font l'essai, puis les portent dans la salle avec les révérences accoutumées. L'échanson présente les boissons devant le fauteuil vide. L'aumônier dit le *Benedicite.* Le pannetier découvre les plats et les services se succèdent ainsi jusqu'au dessert. L'aumônier dit les grâces. Les mets sont distribués aux pauvres.

Du 9 juin au 13 juillet, chaque jour les dîners et les soupers alternent avec les offices et les psalmodies des prêtres. Le 14 juillet on offre à feue Son Altesse un dernier souper, celui-là servi « à la Royale », c'est-à-dire que les mets viennent sur la table précédés de hérauts et de trompettes.

On passe alors de la *Salle d'honneur* dans la *Salle funèbre*, la galerie des Cerfs, qui a reçu un décor approprié. Les trophées de chasse ont disparu, tous les murs sont tendus de noir. Le cercueil du duc est posé sur des tréteaux recouverts de tentures de deuil et on y place la couronne, le sceptre et la main de justice. Au milieu de la salle une balustrade contient la multitude. Comme les draperies interceptent la lumière du jour, la galerie est éclairée par les chandeliers de l'autel, les vingt-quatre cierges brûlant autour du cercueil et quatre grands lustres garnis de serge noire. Dix fauteuils sont réservés au premier rang pour le nouveau duc et les princes du sang. Il y a des sièges pour la noblesse, les ambassadeurs, les prêtres et les religieux. Des valets gardent le cercueil. Deux jours durant on célèbre des offices funèbres.

Enfin, le 16, messieurs du clergé et de la noblesse ainsi que les officiers de la couronne se réunissent dans la cour du palais où les hérauts d'armes, suivis de vingt crieurs et sonneurs de clochettes crient l' « édit funèbre », qu'ils vont répéter devant Saint-Èvre et dans la Ville-Neuve.

Le lendemain, trois cents pauvres portant des torches, trois cents bourgeois portant des cierges, la pompe funèbre se déroule par les rues de la Ville-Vieille. Nobles et prêtres forment le cortège. Quatre chevaux, caparaçonnés et empanachés, sont menés au convoi : le cheval d'honneur, le cheval bardé pour la bataille, le cheval de secours et le cheval de service.

Le cercueil est ainsi porté dans la collégiale Saint-Georges où l'on a échafaudé un étrange décor composé d'obélisques et dont l'ordonnance paraît magnifique et singulière. L'enterrement définitif n'a lieu que le lendemain. Nouveau cortège. Cette fois on se rend aux Cordeliers. Là aussi on a composé une extraordinaire machine funèbre qui semble, lorsque les cierges sont allumés, une véritable pyramide de feu. Et le cercueil est enfin descendu dans les caveaux de l'église...

Le Musée historique Lorrain fut reconstitué après l'incendie de 1871 grâce au concours de la ville de Nancy, de l'État français et de l'empereur d'Autriche qui, en maintes occasions, témoigna son intérêt à la ville où régnèrent ses ancêtres. Des achats et des donations ont enrichi les collections, si bien qu'en moins de trente années les locaux sont devenus beaucoup trop étroits. Il faut espérer que la ville finira par entendre la plainte des Nancéiens et des étrangers. Il n'y a pas en France de musée provincial plus riche et qui réponde mieux à son objet. Il contient des documents précieux de numismatique et d'iconographie, de beaux spécimens de toutes les formes d'art particulières à la Lorraine. Il est propre à éveiller la curiosité, amuser l'imagination et éveiller chez les Lorrains d'aujourd'hui le goût de leurs chroniques et l'amour de leurs traditions. Mais, faute de place, les objets y sont exposés sans méthode. Le bon vouloir et les efforts des conservateurs ne servent de rien : les œuvres d'art — il en est d'admirables — sont privées de lumière ; d'intéressantes estampes sont reléguées dans des cartons ; et le pêle-mêle des bibelots finit par déconcerter l'attention du visiteur.

Des sculptures remplissent le jardin et les galeries du rez-de-chaussée du palais ducal. Ce sont les épaves des églises, des fontaines et des maisons détruites. Les unes viennent des villages ou des bourgs de la Lorraine : telle cette magnifique « croix d'affranchissement » que les gens de Frouard n'ont pas eu la piété de conserver chez eux. Les autres, les plus nombreuses, sont les débris des monuments de Nancy même.

Stanislas avait commencé l'œuvre de destruction. Cependant on a exagéré les méfaits de son vandalisme. Après lui, à la veille de la Révolution, Nancy, dans ses églises, dans ses couvents, dans ses hôtels, possédait encore d'incomparables trésors : l'historien Lionnois les a décrits en 1788. Mais, sans recourir à Lionnois, il suffit de regarder les estampes du XVIIIe siècle exposées dans ce même Musée Lorrain : on y voit représentés tous ces édifices maintenant démolis. Que de richesses dispersées, disparues !

Quelques-unes cependant ont été recueillies ici. Voici le délicat portail de l'hôpital Saint-Julien, rasé il y a peu d'années. Voici des sculptures provenant de la porte Saint-Jean. Voici un groupe charmant de César Bagard : deux génies tenant un médaillon où sont sculptés les traits de Jean des Porcelets de Maillane, évêque de Toul. (Nous avons vu aux Cordeliers deux statues appartenant au même tombeau qui se trouvait jadis dans la chapelle du collège des Jésuites.) Voici enfin les restes de la vieille église de Saint-Evre : quelques statues, une Vierge, un saint Joseph, une sainte Catherine, une Notre-Dame de Pitié et la Cène de Florent Drouin. Ce dernier bas-relief plein de vie et de mouvement où l'artiste lorrain s'est manifestement inspiré de Léonard de Vinci, excitait l'admiration de Stanislas qui en fit exécuter une réduction en argent pour sa chapelle de Bonsecours. On ne peut voir visage plus doux et plus noble que celui du Christ.

Des peintures à demi effacées, que l'on a rapportées sur une muraille mal éclairée, viennent aussi du vieux Saint-Evre. Elles représentent les *Miracles de la Vierge*. L'excellent Lionnois les attribuait sans hésiter à Léonard de Vinci. Autant qu'on en peut juger aujourd'hui, c'est probablement l'œuvre d'un de ces peintres peu inventifs qui, au commencement du XVIᵉ siècle, se contentaient, pour décorer les murs d'église, d'agrandir des miniatures de manuscrits. On a voulu rapprocher les peintures de Saint-Evre d'une suite de compositions que l'on a découvertes naguère — et restaurées — dans une église de la banlieue de Nancy, à Malzéville. Ces dernières — qui ne sont pas, non plus, des chefs-d'œuvre — semblent présenter un caractère germanique plus accentué.

Parmi les débris de statues, les bas-reliefs rongés, les bois à demi dédorés, les pierres tombales mutilées (rien n'est mélancolique comme le spectacle d'un musée de vieilles sculptures), on rencontre une des belles œuvres de la statuaire lorraine : le tombeau de René de Beauveau et de Claude de Baudoche, sa femme, par Ligier Richier. En 1886 l'église de Noviant-aux-Prés à laquelle il appartenait manifesta l'intention de s'en défaire et le musée le recueillit. La salle voûtée où il est placé convient à un monument funéraire ; on rougit cependant à la pensée qu'une église puisse brocanter ses tombes ! Le chevalier gît, tête nue, les mains jointes, vêtu de son armure de guerre. A côté de lui sa femme est couchée avec un semblable mouvement de prière : sa coiffe, son rosaire, sa longue robe sans ornements la font ressembler à une nonne. Une même expression de ferveur, de confiance et de bonté illumine les deux visages. La virtuosité de l'artiste se révèle dans l'adroite exécution du blason et des draperies. Les statues n'ont subi que des restaurations insignifiantes. Le lion et la levrette accroupis au pied des gisants paraissent modernes. Ce tombeau, comme toutes les œuvres de Ligier Richier, est taillé dans la pierre de Saint-Mihiel et couvert d'une merveilleuse patine à la cire qui conserve au grain de cette pierre son admirable finesse, tout en lui donnant le poli, le brillant et la nuance du vieil ivoire.

D'autres sculptures, parfois charmantes — notamment deux figures allégoriques cataloguées sous le numéro 143 — sont attribuées à l'« école des Richier ». En Lorraine, toutes les sculptures du XVIe siècle étaient naguère de Ligier Richier. On se contente maintenant de les donner à l' « école des Richier ». C'est plus prudent.

Au premier étage, une première chambre, dite du duc Antoine, a été construite par Bœswilwald ; elle occupe une partie du bâtiment où s'étendait jadis la salle d'honneur. On y a installé une belle cheminée de la Renaissance, qui vient d'une maison de Saint-Nicolas-du-Port, et qui offre un décor sobre, énergique, un peu lourd, très lorrain.

Dans cette salle est placé le lit du duc Antoine qui, échoué, vers 1837, dans la boutique d'un marchand d'antiquités de Nancy, passa par le garde-meuble de la Couronne où on le restaura, et fut enfin envoyé au Musée Lorrain où, en 1871, les flammes l'épargnèrent. Les armes, les emblèmes et les devises qui décorent ses panneaux permettent de croire qu'il fût exécuté pour le duc Antoine. D'ailleurs, quelle que soit la valeur historique de la relique, il faut admirer la richesse de l'ornementation, le fini du travail, le goût avec lequel sont nuancés les ors et les couleurs qui recouvrent la sculpture. Ce travail fut exécuté par des artistes lorrains, M. Léon Germain l'a prouvé par des raisons ingénieuses et convaincantes.

Les célèbres tapisseries, dites de Charles le Téméraire, sont tendues en partie sur les murailles de cette salle, en partie sur la paroi voisine de la galerie des Cerfs. Elles se composent de deux séries différentes : *La Condamnation de Banquet* et *L'histoire d'Assuérus*.

Selon une tradition ancienne ces tapisseries décoraient la tente du duc de Bourgogne et faisaient partie du butin pris par l'armée lorraine après sa victoire. Cette tradition est-elle conforme à la vérité ? M. Pfister le croit et donne ses raisons dans sa grande *Histoire de Nancy*. Mais dans une brochure intitulée *Le Butin de Nancy*, M. Pierre Boyé affirme qu'aucun document ne justifie la légende, que ces tapisseries ont dû être exécutées plusieurs années après la défaite du Téméraire. Sans entrer dans cette controverse, observons seulement que les tapisseries représentant la *Condamnation de Banquet* reproduisent exactement les diverses scènes d'une moralité de Nicolas de la Chesnaye, parue en 1508, que dans la tapisserie même certains vers sont littéralement transcrits de la moralité, qu'il est naturel d'imaginer le poète inspirant les auteurs de la tapisserie et que la conjecture inverse est moins vraisemblable. D'ailleurs, il y a longtemps déjà que la tradition est combattue, et on lit dans la dernière édition du catalogue du musée cette prudente mention : *Tapisserie de haute lice* dite *la tente de Charles le Téméraire*.

Les cinq panneaux de la *Condamnation de Banquet* présentent une suite de compositions compliquées, tumultueuses et spirituelles. Des légendes en vers tissées dans la tapisserie, exposent de place en place le scénario de l'allégorie. L'honnête *Dîner* a invité à sa table *Bonne Compagnie, Je boy à vous, Passe-temps, Gourmandise, Je vous plaige, Friandise,* et cinq autres convives : trois musiciens égaient le repas par des airs de flûte. Mais *Souper* et *Banquet*, personnages cauteleux, s'offensent de la préférence que l'on a accordée à *Dîner* et méditent de se venger. *Banquet* à son tour régale les hôtes de *Dîner* : la salle est magnifique, le festin superbe et l'on voit sur la table un vaisseau qui porte une Vénus à son mât, des paons et une hure de sanglier ; des vaisselles d'or encombrent les dressoirs. Le traître cependant fait un signe et voici la salle envahie par la horde des maladies : *Apoplexie, Fièvre, Goutte, Colique, Gravelle,* etc... La troupe affreuse se jette sur les convives, et les massacre à coups de couteau et à coups de lance. Seuls, *Passe-Temps, Bonne Compagnie* et *Accoustumance* sortent de la mêlée sains et saufs. Ils vont porter leur plainte au pied du trône de *Dame Expérience*. Celle-ci, ayant réuni ses serviteurs, *Secours, Clistère, Pilule, Remède* et *Diète,* ordonne que les coupables soient conduits devant elle. *Clistère* les amène, tandis qu'*Averroès* et *Gallien* ratiocinent sur le cas. Le tribunal est formé. *Dame Expérience* préside entre *Gallien* et *Averroès*. Les accusés sont sur la sellette et les plaignants à la barre. Le greffier écrit la sentence. Un dernier pan de la tapisserie devait sans doute représenter le supplice de *Banquet* et de *Souper* : il est perdu. Cette histoire naïve se déroule dans un décor d'une prodigieuse opulence où éclate le faste des cours de la Renaissance, tandis que, dans les légendes versifiées qui commentent les tableaux, on retrouve la railleuse bonhomie du moyen âge. Les acteurs de la moralité populaire sont costumés de velours de soie et d'or. Et cette tapisserie nous révèle assez bien les goûts divers d'une société qui, tout en s'enivrant de luxe, continuait à se divertir des mêmes enfantillages qui avaient diverti ses ancêtres.

Quant aux deux pièces de l'*Histoire d'Assuérus*, ce sont aussi de belles tapisseries d'origine flamande. Le duc de Bourgogne, Philippe le Bon, les avait achetées, dit-on, à Pasquier Grenier de Tournai. Mais on a contesté aussi qu'elles aient fait partie du butin de René II.

Au fond de la galerie des Cerfs se dresse une magnifique cheminée décorée de cariatides et de trophées ; d'opulents rinceaux sont sculptés sur ses tablettes. Elle vient de l'ancien auditoire de la ville de Joinville. Elle orne à merveille la salle où on l'a placée.

C'est dans cette salle et dans un cabinet qui lui fait suite que sont exposées les diverses collections du musée. Quelques peintures et quelques esquisses rappellent les noms des peintres de Léopold, Claude Charles et son élève Jacquard dont nous retrouverons ailleurs les œuvres abondantes et faciles. Une belle série de vases de pharmacie en faïence de Niderviller donnée par Stanislas à l'hôpital Saint-Jean-de-Dieu, des plats, des assiettes, des statuettes en biscuit de faïence ou de porcelaine sorties des fabriques de Belleville-Toul, de Niderviller et de Lunéville représentent la céramique lorraine. On peut déjà connaître ici tout l'esprit de Cyfflé et toute l'élégance de Guibal (la statuette de Stanislas est une pièce charmante) ; mais, en parcourant les places de Nancy, on verra que l'un et l'autre étaient capables d'œuvres plus considérables. Puis des fragments de grilles de Lamour et quelques chefs-d'œuvre de la serrurerie lorraine, des meubles précieux, des bois sculptés que l'on a eu longtemps coutume d'attribuer à Bagard, des horloges, des armes et des bibelots rares, comme cet étrange globe terrestre, en argent finement ciselé, qui s'ouvre pour former un hanap. Une longue suite de peintures — le plus souvent médiocres — nous fait connaître les visages des princes et des princesses de la maison de Lorraine, ainsi que des Nancéiens illustres. Quelques vues des châteaux de Stanislas évoquent, tant bien que mal, de belles architectures disparues. Enfin des reliques de toutes sortes : le manuscrit de la *Nancéide*, poème où Pierre de Blarru célébra la défaite des Bourguignons ; le médaillon de Louis XV par Walneffer, réduction de celui qui fut placé sur l'Arc de Triomphe de la place Royale ; un mannequin costumé représentant Bébé le nain du roi de Pologne, etc...

Les médailliers sont riches et l'on y peut voir l'œuvre de Saint-Urbain, le graveur-architecte du duc Léopold, qui, après une vie glorieuse, tomba dans la misère et finit par faire de la fausse monnaie?

Des gravures de Callot, d'Israël Silvestre qui, né à Nancy, a consacré à son pays natal quelques planches charmantes, de Collin, de François ressuscitent les aspects de la ville de jadis, ses édifices, ses cérémonies, ses fêtes, en même temps qu'une série de plans permet d'en suivre toutes les transformations.

Même si l'on ajoute à cette longue énumération des objets préhistoriques, des antiquités gallo-romaines, des bijoux mérovingiens et une curieuse collection de taques de cheminées lorraines, on n'a encore donné qu'un inventaire bien incomplet de ce beau musée d'art et d'histoire.

Avant de le quitter, il faut pénétrer dans la salle réservée aux séances de la société d'archéologie lorraine et y admirer les fines boiseries du xviiie siècle dont elle est lambrissée : elles ont été apportées d'un vieil hôtel de Nancy, l'hôtel des Salles.

*
* *

Nous avons fait le tour de la Ville-Vieille. Il nous resterait à dire un mot de la place de la Carrière, puisqu'au milieu du xvie siècle elle fut englobée dans l'enceinte de la ville. Mais Stanislas l'a comprise dans l'ensemble de ses travaux et lui a donné l'aspect qu'elle présente encore aujourd'hui. Nous la décrirons en étudiant les bâtiments du roi de Pologne.

De l'ancienne Carrière nous possédons une gravure par Callot. Le plus sage est de suivre le conseil qu'un rimeur inconnu avait écrit sur la tombe du grand artiste :

> En vain tu ferais des volumes
> Sur les ouvrages de Callot ;
> Pour moi je n'en dirai qu'un mot :
> Son burin vaut mieux que nos plumes.

CHAPITRE IV

LA VILLE-NEUVE DES DUCS DE LORRAINE

La porte Saint-Nicolas. — La porte Saint-Georges. — L'église Saint-
Sébastien. — La Cathédrale : l'œuvre de Hardouin Mansard et de
Boffrand ; les peintures ; l'ex-voto des Minimes ; les sculptures de
Drouin ; les grilles de Lamour ; le trésor de Bouxières-aux-Dames.
— Le quartier du Chapitre.

Une fois qu'il eut tracé le plan de sa Ville-Neuve (1598),
Charles III commença par fortifier la place. Les remparts ache-
vés, les premiers édifices qui s'élevèrent dans l'enceinte furent
des maisons religieuses. Puis, pendant plus de soixante années,
la guerre et tous les fléaux s'abattirent sur le duché : jusqu'à
la fin du xviie siècle on cessa de bâtir dans Nancy. Sous Léopold, à la faveur de la paix et de la prospérité publique, on
construisit des églises et quelques hôtels.

On aura vite énuméré les monuments qui, élevés pendant
cette période, dans la Ville-Neuve, n'ont point disparu. Les
remparts furent définitivement rasés après la paix de Ryswick ;
mais deux des portes sont encore debout. Presque tous les
couvents ont été démolis pendant ou après la Révolution. Il
reste deux églises datant du règne de Léopold : Saint-Sébastien
et la Primatiale.

La ville neuve de Charles III avait trois portes : la porte

Saint-Jean dont l'une des façades fut démolie en 1868 et l'autre en 1874, la porte Saint-Nicolas et la porte Saint-Georges.

La porte Saint-Nicolas, ainsi nommée parce qu'elle donne passage à la route de Saint-Nicolas-du-Port, l'un des plus célèbres lieux de pèlerinage de la Lorraine, termine la rue Saint-Dizier. Elle ne reçut jamais les sculptures qui la devaient orner. Au xviiie siècle, à l'occasion d'une visite que Mesdames Adélaïde et Victoire firent à leur grand-père en revenant des eaux de Plombières, on décora la façade intérieure dans le goût du temps et on eut la singulière idée de placer sur cette porte militaire des vases et des groupes d'enfants pareils à ceux qui ornaient les pavillons de la place Royale. Du côté du faubourg, on a surmonté l'édifice d'obélisques et de grenades enflammées : l'effet en est plus heureux. Le bâtiment inter-médiaire a été démoli. Mais il faut être indulgent pour ces remaniements et ces mutilations. La porte est conservée, c'est l'essentiel.

Il y a une vingtaine d'années, il s'en fallut de peu que la porte Saint-Georges ne subît le même sort que la porte Saint-Jean. On s'avisa qu'elle gênait l'établissement d'une ligne de tramways et la majorité du conseil municipal décida de l'abattre. A Nancy et à Paris, des artistes, des archéologues, des écrivains s'élevèrent contre ce projet sauvage. L'État classa la porte ; puis il la déclassa ; puis, tous les membres de la Commission des monuments historiques ayant là-dessus donné leur démission, il la reclassa. La victoire resta aux défenseurs des vieilles pierres. Une nouvelle rue fut tracée, à côté de la porte Saint-Georges, pour la circulation des tramways.

C'eût été grand dommage de sacrifier cet édifice précieux. Sans doute son architecture a perdu quelque peu de sa beauté guerrière depuis qu'elle ne se raccorde plus aux bastions qui la flanquèrent autrefois. Ce n'est plus maintenant qu'un monument d'apparat et de souvenir. Mais par sa carrure robuste, noble, pesante, par le luxe discret de ses ornements, il montre, mieux qu'aucun autre, le caractère original que les artistes lorrains — nous en avons déjà cité des exemples — imprimèrent au style de l'extrême Renaissance.

Tout le premier étage de la porte d'ordre toscan, est simple et nu. Mais, aux deux extrémités de l'entablement, se dressent deux figures allégoriques où l'on croit reconnaître la Guerre et la Paix. Entre deux sphinx ailés s'élève une attique où deux hommes barbus dont le corps finit en feuille d'acanthe forment cariatides. Au sommet du monument, au milieu d'un fronton entrecoupé, chevauche le saint Georges de Florent Drouin. Jean Richier, petit-neveu du grand Ligier, exécuta les autres sculptures.

La statue de Drouin offre un grave défaut : si l'on vient du faubourg, à mesure qu'on approche de la ville, on voit la tête du saint disparaître derrière celle de sa monture. Mais le cheval cabré et le dragon terrassé forment un groupe pittoresque, qui couronne la porte d'une façon vraiment triomphale.

En rasant la porte Saint-Georges, on n'eût pas seulement détruit une belle œuvre d'art ; on eût encore effacé un des grands souvenirs de l'histoire de Nancy. Ce monument est maintenant le seul vestige de la vieille dévotion des Lorrains à saint Georges. Au XIVe siècle, une église collégiale avait été élevée, sous le vocable du saint, par le duc Raoul et, avant que les Cordeliers eussent été consacrés à la sépulture des ducs, elle avait reçu la dépouille des souverains de la Lorraine ; elle avait aussi abrité, jusqu'en 1550, la tombe de Charles le Téméraire. Léopold en commença la démolition et Stanislas l'acheva. Cette collégiale possédait une relique que les Nancéiens tenaient pour le plus vénérable de leurs trésors, un os de la cuisse de saint Georges et, chaque année, le 5 janvier, la « procession des Rois », instituée en souvenir de la défaite des Bourguignons, se déroulait dans les rues de Nancy, au son des hymnes et des cloches, faisant cortège au *cuisseau Monsieur Saint-Georges*. Stanislas supprima la « procession des Rois ».

*
* *

En 1720, l'église Saint-Sébastien, contemporaine de la fondation de la ville neuve, menaçait ruine. Léopold la fit démolir et l'architecte Jennesson bâtit une église neuve, qui fut achevée en 1731. Le sculpteur Meny exécuta les délicats bas-reliefs qui encadrent le portail en forme de fer à cheval et où sont représentés des trophées d'église. La voûte en arcs doubleaux de la nef et des collatéraux repose sur de belles colonnes d'ordre ionique. L'ensemble de l'édifice séduit par son air d'élégance noble et aisée. Son unique défaut est, peut-être, l'excessive hauteur de la nef. On dirait que l'architecte a dû, ses plans terminés, supprimer une travée de l'église et qu'il n'a point su rétablir les proportions ainsi altérées.

Il est inutile d'insister sur les peintures qui sont probablement de la main de l'inévitable Claude Charles et sur le mobilier moderne qui s'accorde mal avec la grâce des architectures.

Dans l'intérieur de l'église les artistes lorrains du xviiie siècle ont érigé un monument au peintre Girardet, paroissien de Saint-Sébastien. C'est une agréable allégorie de Joseph Sontgen : la Gloire repousse le Temps qui tente d'étendre un voile sur le portrait de l'artiste. En décrivant les bâtiments du roi de Pologne, nous aurons à revenir sur Girardet et sur Sontgen.

*
* *

En 1839, Victor Hugo traversa Nancy ; il écrivit à un ami [1] :

« La ville a peu d'aspect ; les clochers de la cathédrale sont des poivrières Pompadour. Cependant je me suis réconcilié avec Nancy, d'abord parce que j'y ai dîné et j'avais grand faim; ensuite parce que la place de l'Hôtel-de-Ville est une des places rococo les plus jolies, les plus gaies et les plus complètes que j'aie vues. C'est une décoration fort bien faite et merveilleusement ajustée avec toutes sortes de choses qui sont bien ensemble et qui s'entr'aident pour l'effet... C'est une place marquise.

« J'ai regretté que le temps me manquât pour voir en détail et à mon aise cette ville toute dans le style de Louis XV. L'architecture du xviiie siècle, quand elle est riche, finit par racheter son mauvais goût. Sa fantaisie végète et s'épanouit au sommet des édifices en buissons de fleurs si extravagants et si touffus que toute colère s'en va et qu'on s'y acoquine. Dans les climats chauds, à Lisbonne, par exemple, qui est aussi une ville rococo, il semble que le soleil eût agi sur cette végétation de pierre comme sur l'autre végétation...

« Ce qui est remarquable et ce qui achève d'assimiler l'architecture du xviiie siècle à une végétation, j'en faisais encore l'observation à Nancy, en côtoyant la cathédrale, c'est que, de même que le tronc des arbres est noir et triste, la partie inférieure des édifices Pompadour est nue, morose, lourde et lugubre. Le rococo a de vilains pieds.

« J'arrivais à Nancy dimanche à sept heures du soir ; à huit heures la malle repartait... »

On sourit parfois des touristes pressés qui visitent une ville

---

1. *Le Rhin.* Lettre **xxix**.

« entre deux trains ». En une heure, Victor Hugo avait dîné, aperçu des « buissons de fleurs » au sommet des édifices de Nancy, évoqué des souvenirs de Lisbonne et bâti toute une théorie sur l'architecture du xviiie siècle.

On verra plus loin ce qu'il faut penser du « rococo » des constructions de Héré. Examinons cette cathédrale « Pompadour ».

Victor Hugo l'a mal vue. Mais l'eût-il regardée plus attentivement, il l'eût sans doute jugée avec le même dédain. Le romantisme a été injuste pour l'art du xviie et du xviiie siècle, croyant ainsi venger le moyen âge du mépris où l'avaient tenu les classiques. Il a répandu dans le public des préventions dont tout le monde n'est pas encore revenu. On parle peut-être un peu moins, aujourd'hui, du « mauvais goût » des constructeurs du xviiie siècle. Mais on en a beaucoup parlé, et très souvent à propos de la cathédrale de Nancy.

Charles III avait décidé la construction d'une grande église primatiale dans la Ville-Neuve et, pour ménager l'emplacement nécessaire, il avait élargi vers l'est le tracé primitif de l'enceinte fortifiée. Une église « provisionnelle » fut bâtie, en attendant que l'on eût élevé l'église définitive. Mais durant tout le xviie siècle, l'entreprise resta en suspens. On ne se remit à l'œuvre qu'en 1703, sous le règne de Léopold. Les travaux s'achevèrent en 1742.

La Primatiale, — devenue la Cathédrale depuis que Nancy possède un évêché — est l'œuvre de deux grands architectes Jules Hardouin-Mansart et Germain Boffrand. Au premier revient l'invention du plan général et de la façade. Le second bâtit les deux tours, la charpente de la coupole et dessina plusieurs détails importants de la décoration. Boffrand, après la mort de Mansart (1708), avait repris à Lunéville et à Nancy, la suite de ses travaux.

La façade rappelle par son ordonnance générale celle de

S. Andréa della Valle de Rome, église qui fut construite, au milieu du XVIIe siècle, par Carlo Rainaldi : nous sommes assez loin du « Pompadour ». Le bas-relief qui surmonte la porte principale, les clefs sculptées, les deux niches ornées de statues, les colonnes accouplées qui, aux trois étages se détachent sur l'avant-corps, les pilastres qui décorent les arrière-corps et les tours donnent à cette façade de la vie et de l'éclat. Chacune des deux tours carrées supporte une tour ronde formée d'arcades ouvertes et surmontée d'un dôme que termine une petite lanterne à jour. Ce sont les « poivrières ». Ces tours, vues de près, paraissent un peu gauches : le passage de la forme rectangulaire à la forme arrondie est trop soudain. Mais qu'on les considère d'un peu plus loin, de la place de la Carrière, lorsqu'elles surgissent au-dessus de l'hôtel de ville, ou du faubourg Saint-Georges, quand elles dominent la vieille porte, ou des hauteurs environnant la ville, quand elles se dressent au-dessus de Nancy : alors, elles prennent un air charmant de grâce et de légèreté.

Malgré tout, il faut reconnaître que cette façade nous choque par un défaut de proportion. L'avant-corps est trop haut et l'espace entre les deux tours trop large. Les architectes n'en sont pas responsables. Mansart calcula l'écart des deux tours de manière à pouvoir édifier un dôme au-dessus de l'église. Cette partie du projet fut abandonnée. Pour pallier l'inconvénient qui devait en résulter, on haussa le fronton qui surmonte la façade. On déséquilibra ainsi les lignes de la construction ; et cette malencontreuse surélévation ne put combler la distance démesurée qui sépare les deux tours.

A l'intérieur, règne la sévère majesté des grandes églises bâties à la romaine.

On raconte que la voûte n'a pas été élevée à la hauteur prévue dans les premiers plans et que l'architecture de Mansart comportait un ordre de plus. Mais un chanoine, Dumolard, chargé de suivre les travaux et de payer les mémoires, fort impatient de voir la fin de l'ouvrage, aurait, dit-on, affirmé au duc Léopold, que les fondations ne pouvaient soutenir ce second ordre. On ajoute que le prince ordonna de construire tout de suite les voûtes sans pousser plus loin l'édifice.

L'anecdote est invraisemblable. Il y a dans l'édifice achevé une si parfaite harmonie et les proportions en sont si justes ! Boffrand dans son *Livre d'architecture* écrit : « Quelques églises gothiques quoique toujours gâtées par quantités de sculptures sans correction, sans goût, mal imaginées et mal placées, par des ornements de mauvais choix, et par des monstres inconnus ne laissent pas d'avoir leur beauté. D'où peut-elle provenir si ce n'est d'une juste proportion de la hauteur à la largeur et du rapport de toutes les parties avec le tout ? » — Négligeons les blasphèmes de Boffrand. Mais ce « rapport de toutes les parties avec le tout » — loi suprême de l'architecture —, ce « rapport » qui fait la beauté des cathédrales ogivales, nous le retrouvons aussi dans les grandes œuvres de l'architecture religieuse du xviie siècle et du xviiie siècle, dans la cathédrale de Versailles de Hardouin-Mansart, dans l'église Saint-Jacques de Lunéville dont Boffrand lui-même a dressé les plans, et enfin, dans la Primatiale de Nancy.

Dans la coupole qui s'élève d'un mouvement si élégant au-dessus de l'avant-chœur, Claude Jacquart, peintre nancéien et élève de Claude Charles, a brossé un ciel ouvert, immense composition dont le dessin est ingénieux et le coloris désagréable. Deux tableaux de Claude Charles : le *Couronnement de saint Sigisbert* et les *Pauvres servis par saint Sigisbert* décorent le chœur. L'abbé Lionnois remarque qu'ils sont d'une hauteur prodigieuse et qu'ils ont coûté seulement 1.200 livres :

ils n'en sont pas meilleurs. Girardet a peint une *Assomption* et un *Sacré-Cœur.*

Le tableau le plus intéressant que renferme la Primatiale est un ex-voto qui vient de l'église détruite des Minimes.

La famille de Lorraine montrait une dévotion particulière pour François de Paule. Charles III avait contribué à la fondation du couvent et de l'église des Minimes de Nancy ; il se fit donc peindre, avec sa famille, dans un tableau qui fut placé au-dessus du maître-autel de l'église.

La Vierge et l'Enfant Jésus présentent le rosaire à saint François de Paule et à saint Dominique. Au-dessous de ce groupe, sont rangés : à droite, Charles III, ses trois fils et un pape ; à gauche, la duchesse Claude de France et ses quatre filles, « les plus belles blondes de l'univers », suivant un dicton populaire, et le peintre pour ne pas faire mentir le dicton, leur a donné les carnations les plus blanches et les plus transparentes. Ce sont de beaux et précieux portraits que l'on attribue avec la plus grande vraisemblance à Jean de Wayembourg, peintre de Charles III. On a facilement reconnu les traits des princes et des princesses ; mais on s'est demandé quel pouvait être le pape représenté au milieu de la famille ducale. On a, pour des raisons diverses, prononcé les noms de Léon X, de Clément VIII, d'Innocent IX. M. Auguin incline à penser que ce portrait doit être celui de Pie V, fondateur de la fête du Rosaire. Une suite de médaillons figurant les quinze stations du Rosaire entoure le tableau ; elle ne paraît pas de la même main qui a exécuté la Vierge, les saints et les portraits.

Une vierge charmante qui se dresse au fond du chœur est attribuée à César Bagard et un Christ en bois serait, dit-on, de Ligier Richier. Une statue de Notre-Dame de Bonne-Nouvelle, apportée au XVIIIe siècle de la collégiale Saint-Georges et terriblement restaurée au XIXe, est surtout remarquable à cause des innombrables miracles qu'elle fit jadis. Enfin, dans les deux chapelles du transept, on a placé les statues des quatre docteurs de l'Église latine par Florent Drouin, statues qui jadis entouraient le tombeau du cardinal de Vaudémont dans l'église des Cordeliers. Ces nobles et vigoureuses sculptures semblent assez dépaysées dans la cathédrale. On a souvent demandé qu'elles fussent ramenées à leur place primitive et qu'ainsi fût reconstitué le monument du cardinal, on ne l'a pas encore obtenu,

La Primatiale ne fut achevée que sous Stanislas. De cette époque (1751) datent les deux grilles magnifiques de Jean Lamour, qui ferment la chapelle de Saint-Charles, dans le collatéral de droite, et la chapelle de Saint-Jean, dans celui de gauche. Les grilles des autres chapelles sont signées et datées : Jean Maire, 1759 ; le travail en est moins hardi, le décor moins somptueux.

Enfin, dans la sacristie de la cathédrale, une grande armoire renferme de belles orfèvreries et le précieux trésor du chapitre de Bouxières-aux-Dames : un évangéliaire du IXe siècle sous une merveilleuse couverture d'or où sont enchâssées des pierreries et gravées les figures des quatre évangélistes ; un anneau dont le chaton porte un des cailloux avec lesquels fut — probablement — lapidé saint Étienne ; un peigne d'ivoire orné de rinceaux, d'oiseaux et de feuillages dont les dents sont si longues et si espacées que les Lorrains avaient coutume de dire d'un homme à la tignasse inculte : « Il s'est peigné avec le peigne de saint Gauzelin. » C'est en effet à saint Gauzelin qu'auraient appartenu l'évangéliaire, le peigne et l'anneau. Cet évêque de Toul avait, au Xe siècle, fondé sur la « montagne » de Bouxières un couvent de Bénédictines, qui, plus tard, devint un des quatre chapitres nobles de la Lorraine. La « montagne » est une colline abrupte et battue par les vents du Nord. Bien que la vie la plus libre et la moins austère leur fût permise, les chanoinesses finirent par s'ennuyer sur ce promontoire escarpé. Elles obtinrent un jour la permission d'en descendre et de se fixer à Nancy. C'était en 1785. Elles n'avaient pas achevé d'édifier leur nouvelle maison que la Révolution supprima noblesse et chapitres. Aujourd'hui, à Bouxières, il reste seulement quelques pans de murs des bâtiments d'autrefois ; des paysans ont fait leur logis dans les ruines et au sommet de la montagne, sur la grande pelouse ombragée de vieux arbres où, au temps du roi de Pologne, dansaient les chanoinesses et les chanoines, maintenant, par les beaux dimanches d'été, les Nancéiens en promenade viennent contempler — à travers les fumées qui montent des hauts fourneaux — le site admirable où se rencontrent la Moselle et la Meurthe... La dernière abbesse avait confié les reliques et le trésor de Saint-Gauzelin à un chanoine de Nancy. Celui-ci les remit à la cathédrale en 1803.

Derrière la cathédrale, s'étend l'ancien quartier du chapitre, quartier silencieux et charmant : on y voit, çà et là, les frondaisons d'un grand arbre déborder du mur d'un petit jardin, et l'on y entend le pas menu des dévotes se hâtant vers l'église. Tout est demeuré canonial dans ces rues paisibles et la vie s'y ralentit au rythme de jadis. Au-dessus des portes étroites des maisons sans faste, de petites grilles [1] formées de deux initiales ou des simples feuillages décorent les impostes : ce sont des « ouvrages en araignées » de Jean Lamour.

1. Notamment rue Montesquieu, n°s 9 et 11 ; rue de la Primatiale, 17, 18, 20.

CHAPITRE V

LES BATIMENTS DU ROI DE POLOGNE

Stanislas en Lorraine. — Les artistes employés par Stanislas : Héré, Lamour, Nicolas-Sébastien Adam, Guibal, Cyfflé, Sontgen, Girardet, François, Collin. — Les châteaux de Stanislas. — Chapelle de Bonsecours : peintures et décorations ; les tombeaux polonais. — La maison des Missions royales. — La place Royale : l'hôtel de ville ; fête de l'inauguration de la statue de Louis XV ; le plan ; les architectures ; les fontaines ; les grilles de Lamour. — La place de la Carrière : l'Arc de Triomphe ; l'hémicycle ; le palais du Gouvernement. — La place d'Alliance et la fontaine de Cyfflé. — La Pépinière, sa création et ses transformations. — La porte Saint-Stanislas et la porte Sainte-Catherine.

Quand François III troqua la Lorraine et le Barrois contre le grand-duché de Toscane, Nancy se divisait en deux villes, chacune munie d'un système de défense indépendant. Ces murailles étaient ruinées ou condamnées à disparaître. Une vaste esplanade séparait les deux tronçons de la cité.

Réunir les deux villes en établissant une place monumentale sur l'espace resté libre, puis mettre les quartiers voisins en harmonie avec les lignes et le décor de cette place, telle fut l'œuvre principale de Stanislas Leszczynsky. Mais d'autres embellissements précédèrent ou accompagnèrent ce grand projet. Cet ensemble de travaux exécutés par d'admirables artistes, avec un sens merveilleux des proportions et de l'unité, firent la gloire et la beauté de Nancy.

*
* *

Au traité de Vienne, Louis XV ne voulut pas annexer brusquement la Lorraine et le Barrois. Il désirait assurer à son beau-père un établissement honorable qui le consolât de sa couronne perdue. D'autre part, la réunion immédiate du duché à la France risquait de blesser le sentiment national des Lorrains. La présence d'un souverain étranger pouvait apaiser l'hostilité du peuple et de la noblesse. Le règne de Stanislas devait être une transition entre l'ancien et le nouveau régime. Mais, en réalité, dès 1737, ce fut le roi qui administra la province. Le gouvernement était exercé par l'ancien intendant de Picardie, Chaumont de La Galaizière, qui, avec les titres de chancelier, de garde des sceaux et de chef des conseils, fut bel et bien le maître de la Lorraine.

Stanislas ne touchait même pas les revenus de son État ; il recevait une pension de la France. Il ne joua qu'un rôle d'apparat, tint une cour, fonda des institutions de bienfaisance, construisit des châteaux et embellit sa capitale. Cette sorte de monarchie honoraire n'était pas pour lui déplaire. Il avait cinquante-cinq ans. De cruelles expériences avaient assagi son humeur jadis aventureuse. Revenu de bien des chimères, le chevaleresque paladin de Posnanie avait pris la carrure et l'embonpoint d'un bourgeois. Les souvenirs de sa vie errante lui rendaient douce sa retraite de Lunéville. Sa nature bienveillante et facile s'accommodait de la dépendance où le tenait la cour de France. Il avait assez de philosophie pour ne pas entendre les quolibets et les chansons de la foule et laissait à La Galaizière l'ennui de mâter les magistrats rebelles. Bonhomme et fastueux, il se tenait pour heureux dès qu'on lui permettait la vanité de bâtir, l'illusion de faire le bonheur du peuple et le loisir de songer au bien public, en fumant une pipe à la turque. Bon père, il adorait sa *Maryneczka*, et, chaque année, un voyage à Versailles exaltait sa tendresse paternelle. Ni les avanies que lui prodiguait son gendre, ni les tristesses que ne pouvait lui cacher sa fillene le décourageaient de consa- crer à la gloire de Louis le Bien-Aimé la plus belle place de Nancy, car il était indulgent aux faiblesses des autres, comme aux siennes. Il aimait la bonne chère et ne demandait qu'à couler une vieillesse sans austérité, mais sans remords, en compagnie de ses maîtresses, de ses jésuites et de ses philo- sophes.

Il est difficile de dire quelle fut la part de Stanislas dans les travaux accomplis sous son règne. Il est probable que le gou- vernement français ne fut pas étranger à l'entreprise. Le *Compte général de la dépense des Edifices et Bâtiments que le roy de Pologne, duc de Lorraine et du Bar, a fait construire pour l'embellissement de la ville de Nancy depuis* 1751 *jusqu'en* 1759 a été publié en 1761. Ce compte s'élève à 3.711.289 livres. Or, la pension payée par le roi de France à Stanislas ne dépassa jamais 2 millions. Ce n'était pas sur cette médiocre liste civile que le roi de Pologne pouvait prélever la somme nécessaire aux bâtiments de Nancy, car, en même temps, il se livrait à de grandes dépenses dans ses châteaux de Lunéville, Commercy, Einville, etc. On peut donc supposer avec vraisemblance que la cour de France lui faisait des largesses secrètes. Mais, jusqu'à maintenant, les historiens n'en tiennent pas la preuve.

Stanislas a-t-il dirigé les architectes et les artistes qui, sur ses ordres, travaillèrent à l'embellissement de Nancy ? Est-il, comme le fit Louis XIV à Versailles, intervenu dans la confec- tion des plans et dans le choix des décorations ?

Architectes et artistes s'empressèrent de faire honneur de leurs chefs-d'œuvre au génie de Stanislas. « Soit qu'il ait ordonné qu'on construisît de nouveaux édifices, soit qu'il ait voulu qu'on réparât ceux qui subsistaient déjà, ce monarque y a su joindre la magnificence de l'ancienne Rome au bon goût des modernes et les embellir des dehors les plus gracieux et les plus brillants, de manière que, sous son règne, la Lorraine paraît être métamorphosée en pays enchanté. » Ainsi s'exprime le graveur François dans des réflexions dont il fait suivre le *Recueil des plans et élévations de la place royale de Nancy et des autres édifices qui l'environnent*. Dans la dédicace du même recueil, Héré déclare : « Dédier ce recueil à Votre Majesté, c'est lui offrir ses propres ouvrages. Je n'ay fait que les rassembler et avoir soin qu'ils fussent gravés avec élégance et précision. » Enfin, en tête du *Recueil des ouvrages en serrurerie que Stanislas le Bienfaisant, roy de Pologne, duc de Lorraine et de Bar, a fait poser sur la place Royale de Nancy, à la gloire de Louis le Bien-Aimé*, Jean Lamour fait graver par Colin un tableau de Bénard, « peintre célèbre à Paris », qui représente Stanislas visitant l'atelier où l'on exécutait les célèbres grilles, et, dans son *Préliminaire apologétique de la forge*, il écrit : « Ce père des Arts, ce bon Maître, ne dédaignait pas de visiter mon Laboratoire, sa bouche royale me donnait des ordres, corrigeait mes dessins... » Sont-ce là propos de courtisans, simples hommages de gratitude ?

On peut douter du goût de Stanislas, quand on lit la description de certains embellissements que ses architectes et ses mécaniciens inventèrent pour lui complaire dans les résidences ducales. Ces fantaisies puériles dont il ne reste aujourd'hui aucun vestige furent célèbres en leur temps, c'étaient des fabriques exotiques et saugrenues dispersées dans les parcs ; c'était surtout le fameux *Rocher* de Lunéville où l'on voyait plus de cent automates de grandeur naturelle, des forgerons, des lavandières, des ermites et des ivrognes entrer en mouvement, tandis que des mécaniques simulaient des voix humaines, des cris d'animaux, des roulements de tonnerre, des ramages d'oiseaux, des concerts d'instruments et des détonations d'artillerie. Stanislas aimait les joujoux. Mais il tenait de sa race une de ces natures diverses dont les contrastes déçoivent le jugement des Latins. C'était, au moral, un singulier ambigu d'héroïsme et de faiblesse, d'égoïsme et de bonté. Son goût n'était pas moins complexe que son caractère. La passion des enfantillages ne le rendait pas incapable de concevoir la grandeur et la beauté.

Sans doute, il fut bien servi par une pléiade d'artistes remarquables. Mais il les a choisis, il les a soutenus, il a su approuver leurs plans, et, les ayant approuvés, il a su coordonner les efforts, discipliner les talents. Si lui-même ne s'y est peut-être pas employé d'une manière aussi personnelle que le prétend son serrurier, Jean Lamour, il a eu du moins la sagesse de maintenir le grand architecte, Emmanuel Héré, dans son rôle de « maître de l'œuvre ». Le souverain qui, dans une vaste entreprise comme celle de Nancy, permet aux artistes d'atteindre l'unité, l'harmonie, la perfection, mérite bien qu'on lui reconnaisse une part de gloire dans cette réussite extraordinaire.

*
* *

« Malgré les facilités que le roi a eues de trouver partout ailleurs d'habiles artistes, sa bonté, sa tendresse pour ses sujets lui ont fait préférer les Lorrains et ceux qui par un long séjour en Lorraine y étaient naturalisés ; c'est une illustration et une réputation que Sa Majesté a voulu procurer à ses peuples. » (*Compte général de la dépense, etc...*)

On entrevoit ici la pensée politique ; mais, par une heureuse rencontre, les circonstances furent propices aux desseins du roi de Pologne. La Lorraine comptait alors quelques artistes du plus grand mérite. Par la beauté, toute française, de l'œuvre qu'ils accomplirent, ceux-ci furent les premiers à démontrer que d'intimes affinités d'esprit et de goût unissaient leur province à la France.

Le premier de tous, c'est Emmanuel Héré. Il est né à Nancy en 1705 ; son père a été caissier des bâtiments de Léopold. Enfant, il a vu Boffrand élever le château de Lunéville et les beaux hôtels de Nancy. C'est Boffrand qui lui a enseigné les éléments de son art, ce sont les plans de Boffrand dont il s'inspirera pour construire les bâtiments de Stanislas. Nommé d'abord concierge du château de Lunéville, puis premier architecte des duchés de Lorraine, il transforme et embellit les anciens châteaux de Léopold. Mis par Stanislas à la tête des grands travaux de Nancy, il édifie la nouvelle église de Bonsecours et dessine les plans des trois nouvelles places de la capitale. Il reçoit de son souverain des lettres de noblesse, et Louis XV le fait chevalier de l'Ordre de Saint-Michel. Des spéculations industrielles compromettent sa fortune ; il perd la raison et meurt à cinquante-sept ans, laissant seize enfants. Et c'est à peu près tout ce que nous savons de la biographie d'un des plus grands architectes du XVIIIe siècle...

Jean Lamour était fils d'un serrurier de Nancy. Né en 1698, il vint, dit-on, à Paris durant les dernières années du règne de Louis XIV pour se perfectionner dans son art. Il y vit l'éclosion du style nouveau. Cet art souple, luxuriant et compliqué conquit l'imagination du jeune homme. Lamour revint à Nancy, rentra dans l'atelier paternel, devint serrurier à son tour et fabriqua des serrures. Mais, quand Stanislas l'appela à exécuter des travaux de luxe dans ses châteaux et dans ses églises, il mit sa merveilleuse habileté à ployer, contourner le fer des grilles

et des balcons, afin d'imiter la légèreté, la grâce, le caprice de
motifs que les sculpteurs avaient alors coutume de tailler dans
la pierre ou dans le bois. Tout de suite, sa virtuosité fut incomparable; mais ses premiers ouvrages (nous ne les connaissons
que par des gravures) semblaient trahir une sorte d'engoue-
ment fiévreux, une fureur d'ornementation et surtout un abus
des lignes courbes qui finissait par déséquilibrer la composition
du décor. Plus tard, sans que l'imagination tarît, sans que la
verve languît, les lignes se combinèrent avec plus de logique.
Lamour resta fidèle au style de sa jeunesse ; mais, — probablement sous l'influence d'Emmanuel Héré, — il subordonna
aux nécessités de l'architecture la fantaisie de la décoration et
accomplit alors ses chefs-d'œuvre : les grilles et les balcons de la
place Royale. Lamour fut plus heureux que Héré. Son métier
l'enrichit. Il possédait, rue Notre-Dame, une belle maison qui
conserve encore aujourd'hui les grilles dont il l'avait ornée :
celles de rez-de-chaussée sont très simples, formées de barreaux
recourbés ; mais celles du premier étage présentent les rinceaux les plus élégants et les rameaux les plus délicats que l'artiste ait jamais dessinés.

Une des plus jolies maisons de Nancy avait été bâtie dans la
rue Saint-Nicolas (aujourd'hui rue des Dominicains, 57), par le
sculpteur Jacob-Sigisbert Adam, en 1720. Le propriétaire
s'était lui-même chargé de sculpter sa façade : au-dessus du
rez-de-chaussée, les quatre parties du monde étaient repré-
sentées par un éléphant, un cheval, un chameau et un croco-
dile ; entre les fenêtres du premier étage, des géneis symboli-
saient l'architecture, la sculpture, la peinture et la musique,
et toute la mythologie décorait le reste du logis. On a beaucoup
mutilé ces sculptures : ce qu'il en reste est charmant. Ce fut
dans cette demeure que naquirent les trois fils de Jacob-Sigisbert Adam, Lambert-Sigisbert, Nicolas-Sébastien, François-

Gaspard ; Clodion y reçut ses premières leçons. Les Adam vécurent peu à Nancy. Ils travaillèrent surtout à Rome et à Versailles. On ne peut donc les comprendre parmi les artistes qui collaborèrent aux grands travaux ordonnés par Stanislas. L'un d'eux, Nicolas-Sébastien, exécuta cependant, pour la chapelle de Bonsecours, le tombeau de la reine Catherine Opalinska. Quant à Clodion, il a décoré d'aimables bas-reliefs la maison qui porte le numéro 2 de la rue Saint-Jean.

Les sculpteurs qui coopérèrent à l'embellissement de Nancy ne sortaient point de souche lorraine, c'étaient les « naturalisés » auxquels faisait allusion le *Compte général* : Guibal, l'auteur de la statue de Louis XV et des adorables fontaines élevées sous les portiques de Jean Lamour, venait de Nîmes ; Cyfflé, qui exécuta la fontaine de la place d'Alliance et fonda la manufacture de Lunéville, était né à Bruges, et Guibal l'avait d'abord recueilli par pitié ; enfin, Joseph Sontgen qui a sculpté les groupes de la place de la Carrière (on lui doit aussi le fronton de la Visitation ; une très belle pleureuse, fragment d'un tombeau aujourd'hui placé dans l'église d'Essey, aux portes de Nancy ; le monument de Girardet ; les bas-reliefs de la porte Désilles, etc...), était originaire de Westphalie. Guibal est un sculpteur élégant ; Cyfflé a du mouvement et de l'invention ; Sontgen une étonnante facilité. Tous trois manquent de génie. Mais ils se sont montrés dociles à la conception de l'architecte ; leurs œuvres s'accordent par les lignes, le caractère, le style, avec l'ensemble monumental ; elles en rehaussent la beauté, tandis qu'elles en reçoivent elles-mêmes une grâce singulière.

Les décorations peintes tiennent peu de place dans les édifices élevés à Nancy sous le règne de Stanislas. Il ne faudrait pas cependant oublier Girardet dans la liste des collaborateurs d'Emmanuel Héré. Il était natif de Lunéville. Après avoir étudié la théologie à Pont-à-Mousson, il fut cornette de cavalerie, puis entra pour y apprendre la peinture dans l'atelier de Claude Charles. Il passa huit années à Rome et à Florence, revint à la cour de Lorraine et peignit des fresques à Lunéville, à Commercy, à Metz et à Nancy. Il fut le peintre ordinaire de Stanislas et exécuta d'innombrables portraits de son maître ; il avait accepté, dit-on, la charge un peu lourde de corriger les compositions dont celui-ci s'amusait à illustrer d'une main royalement maladroite ses livres de piété.

Lorrains aussi étaient les graveurs Dominique Collin et Jean-Charles François qui se chargèrent de présenter à la postérité l'œuvre de Stanislas, le premier en illustrant de délicates vignettes le recueil des fondations et le compte général des dépenses, le second en gravant les planches de trois atlas où furent réunis les plans des bâtiments et édifices du roi de Pologne.

« Sa Majesté commença par créer de nouveaux architectes et des artistes en tous genres. La Malgrange, Chanteheux, Commercy et autres maisons de plaisance, construits ou réparés, furent leurs essais et les préparèrent à des choses plus parfaites. » (*Compte général de la dépense, etc.*)

De ces « essais », il ne reste rien aujourd'hui. Les « maisons de plaisance » de Stanislas demeurèrent abandonnées après la définitive réunion de la Lorraine à la France. Chanteheux, ce Trianon bâti dans la perspective de la grande allée des bosquets de Lunéville, était démoli dès avant la Révolution. De La Malgrange, il ne subsiste que le beau bâtiment des communs, maintenant occupé par un collège. Les magnificences de Commercy sont effacées ; les eaux et les jardins ne sont plus qu'un souvenir. L'élégante galerie construite par Héré dans la résidence d'Einville n'existe plus. Des descriptions en prose et en vers, quelques estampes, voilà tout ce qui peut évoquer aujourd'hui ces séjours charmants.

Mais, à Nancy même, presque rien n'a péri. Si l'on a rasé naguère sans pitié le pavillon de l'hospice Saint-Julien élevé sur les plans de Héré pour abriter les orphelins recueillis par Stanislas, nous avons toujours sous les yeux les deux édifices que l'architecte conçut et acheva avant d'entreprendre le plan et les bâtiments de la place Royale : la chapelle de Bonsecours (1738-1741) et la maison des Missions royales (1741-1743), aujourd'hui le grand séminaire.

La première entreprise de Stanislas fut de construire à Nancy un sanctuaire qui convînt à sa dévotion. « La chapelle de Lunéville, sur le plan de celle de Versailles, remarque un de ses historiens, M. Pierre Boyé, était trop froide et trop nue. La religiosité du slave s'y trouvait mal à l'aise... Quiconque a visité les églises de Pologne est frappé de s'y retrouver en entrant à Bonsecours. Les cantiques déchirants qui, là-bas, s'élèvent chaque soir vers le ciel, l'encens prodigué, l'eau sainte répandue sur une foule baisant la poussière, les lamentations ou l'allégresse des mères raidies, les bras en croix, aux pieds des autels, tout cela s'y évoquait pour Leszczynski... Sur ces quelques mètres carrés cessait l'exil. » La chapelle de Bonsecours a subi quelques dévastations et quelques transformations depuis le xviiie siècle, elle a conservé, malgré tout, un peu de cette physionomie théâtrale et polonaise.

Au bout du faubourg Saint-Pierre s'élevait une chapelle que le peuple appelait la chapelle des Bourguignons. Un religieux l'avait édifiée peu d'années après la bataille de Nancy, sur le lieu même où avaient été ensevelis les soldats de Charles le Téméraire. Comme elle était placée sous l'invocation de Notre-Dame de Bonsecours, le duc René II fit exécuter en

1505, par le sculpteur Mansuy Gauvain, une belle image de la Vierge que de nombreux miracles signalèrent bientôt à la dévotion de la Lorraine. Les *ex voto* couvrirent les murs de la chapelle qu'il fallut bientôt agrandir et des Minimes se chargèrent avec succès de l'administration du pèlerinage. A la voûte de l'église flottaient les étendards conquis sur les Turcs par les ducs de Lorraine. C'était un sanctuaire national. Les ducs y priaient en allant à la chasse et en revenant de la guerre ; le peuple venait y demander à la Vierge la fin des calamités publiques.

Quand Stanislas rasa les vieux murs délabrés pour élever l'église neuve, les bourgeois de Nancy en conçurent une grande colère et un potier d'étain qui habitait en face de Bonsecours fit murer ses fenêtres pour ne pas voir le sacrilège.

Héré — ce fut sa première œuvre importante — donna le plan et conduisit les travaux de la chapelle. On mit à sa disposition les pierres du château de la Malgrange, situé à proximité du faubourg Saint-Pierre : Stanislas avait décidé de démolir la résidence bâtie par Boffrand pour Léopold et restée inachevée.

La chapelle construite par Héré présente des dehors très sobres ; ouvertures et niches sont dessinées d'un trait sûr ; l'entablement que supportent quatre belles colonnes corinthiennes montre un peu de lourdeur ; mais on admire l'élégance de la tour qui couronne la façade à la manière d'un fronton très aigu. Quant au plan de l'édifice il est simple : une nef sans collatéraux ; un chœur plus étroit de forme pentagonale ; point de transept.

Ce fut dans l'intérieur de l'église que le roi de Pologne donna carrière à ses goûts de luxe et de magnificence. Deux Lorrains, Louis et Nicolas Mansiaux, revêtirent toutes les murailles d'un stuc de leur invention imitant, à s'y méprendre, le poli, le froid et la solidité du marbre. Joseph Gilles, dit Provençal, couvrit les voûtes de peintures faciles et tumultueuses. Au-dessus de l'ordre d'architecture en pilastres qui faisait le tour de l'église, Jean Lamour posa « une belle galerie de fer avec ornements et dorures » (On hésite à lui attribuer la grille de la table de communion qui, par le style, diffère de ses autres ouvrages). Stanislas donna à Bonsecours de riches ornements, des dalmatiques précieuses, des drapeaux, des statues et une jolie chaire à prêcher d'une exécution délicate. Il fit placer dans la nouvelle chapelle la Vierge de Gauvain Mansuy. Sans respect pour l'ancien monument votif que les Lorrains avaient élevé en souvenir de la peste de 1631, il en laissa disperser les trois statues que Drouin avait sculptées : saint Roch, saint Charles et saint Sébastien (saint Roch est maintenant à la cathédrale, saint Sébastien au Musée Lorrain et saint Charles a disparu) ; mais il fit exécuter un monument plus grand que l'ancien : une table noire surmontée d'une Vierge, entre la Lorraine et la ville de Nancy agenouillées. Enfin, ne voulant pas que ses restes et ceux des siens reposassent dans l'église des Cordeliers, parmi les tombes de la dynastie lorraine, il choisit Bonsecours comme lieu de sépulture.

Pendant la Révolution, l'église fut dévastée ; les cercueils furent violés. « Encore un que l'on n'a pas guillotiné ! » disait l'ouvrier qui d'un coup de bêche détachait du tronc le crâne du roi de Pologne. Les monuments funèbres furent envoyés au musée que l'on venait d'ouvrir dans l'ancienne chapelle de la Visitation. La « belle galerie de fer » de Jean Lamour fut arrachée et livrée aux brocanteurs. L'œuvre même d'Emmanuel Héré faillit périr. Un brasseur qui avait acheté l'église l'eût rasée, si des paysans venus au marché de Nancy n'avaient par leurs menaces arrêté la démolition.

Depuis lors, Notre-Dame de Bonsecours a été réparée et

agrandie. En 1807, les tombeaux ont été rapportés dans le chœur. On a recueilli des épaves de l'ancien sanctuaire : la madone de Gauvain Mansuy, un fragment du monument votif, des étendards turcs, des drapeaux polonais. Les peintures ont été restaurées. On a même procédé à de nombreux embellissements qui ne furent pas, tous, aussi heureux que celui dont profita l'église le jour où elle reçut les magnifiques confessionnaux de Vallin.

L'aspect du décor n'est plus tout à fait le même qu'au temps de Stanislas. Mais c'est encore un lieu étrange et singulier que cette chapelle opulente, encombrée de mausolées et d'ex-voto, ornée de faux marbres et de rideaux en tôle peinte. Dans la nef éclatent partout des ors et des lumières ; plus loin, dans le chœur obscur, apparaissent, comme des fantômes, les statues des tombeaux et, au fond du sanctuaire, dans une niche où tombe une nappe de clarté, surgit l'image miraculeuse de Notre-Dame abritant sous les plis de son manteau tout un peuple agenouillé.

Le premier tombeau placé dans Bonsecours fut celui de la reine de Pologne Catherine Opalinska (morte en 1747), par Nicolas-Sébastien Adam. Une pyramide aiguë dont la pointe est décorée des armes de Pologne et surmontée d'une urne funéraire forme le fond du monument. La reine vêtue du manteau royal est à genoux sur le sarcophage dans une attitude de fervente prière ; la couronne et le sceptre gisent devant elle ; un ange est venu pour la conduire au séjour céleste qu'il lui montre du doigt. Sculpture souple et somptueuse, sans emphase, où la vérité des gestes et la grâce des mouvements font oublier les conventions de l'allégorie. (Pourquoi des restaurateurs modernes ont-ils eu l'idée saugrenue de coiffer la reine d'une couronne minuscule, alors que, tout justement, à ses pieds, l'artiste a placé la couronne royale, symbole des grandeurs humaines quittées pour toujours ?) Sur le soubassement, à droite et à gauche de l'épitaphe, Adam a exécuté deux médaillons exquis : *la Foi* et *la Charité*.

Un cartouche où est sculptée une hache et que soutiennent deux petits génies surmonte la tombe du duc Ossolinski, grand maître de la maison de Stanislas : la femme du duc avait été, dit-on, la favorite du roi. Ce gracieux petit monument est, ainsi que le tombeau de la reine, l'œuvre du Nancéien Nicolas-Sébastien Adam.

Louis-Claude Vassé a sculpté un groupe charmant pour le mausolée où fut enfermé le cœur de Marie Leszczynska. « La reine, écrit M. Pierre Boyé, avait voulu que, au lieu d'être conduit au Val-de-Grâce, le symbole de tant d'amour et de souffrance fût confié au sanctuaire où, le 28 septembre 1744, lors du renvoi de la Châteauroux, elle s'était agenouillée, frémissante d'espoir ; où, depuis, son père avait si souvent invoqué pour elle la Vierge consolatrice... » Un enfant regarde avec tendresse le cœur de la reine qu'il tient dans sa main ; un autre, fondant en larmes, s'appuie sur un délicat médaillon où est représenté le profil de Marie, et que couvre à demi un grand voile de deuil.

Enfin, faisant face au tombeau de Catherine Opalinska, se dresse celui de Stanislas. Lorsqu'au Salon de 1771, Vassé exposait un dessin représentant le mausolée du roi de Pologne, Diderot écrivait : « La composition m'en paraît sage, nette et propre à rendre clairement la pensée de l'auteur. » Mais il ajoutait immédiatement dans une de ces notes où il semblait exprimer d'un façon libre et franche sa véritable pensée : « Composition maigre. Trois figures formant un triangle de mauvais effet. » Comme l'artiste, en même temps que son dessin, avait envoyé au Salon la statue d'une femme « couchée sur les socles du tombeau et désolée de la perte de ce bon prince », Diderot la jugeait ainsi : « Bonne statue. » Il est difficile de n'être pas de l'avis de Diderot. Ce monument, ainsi que celui de la reine, est formé d'une pyramide, mais la base en est plus large et partant le sommet moins aigu. L'image de Stanislas à demi couché est seule à se détacher sur cette surface, nue et géométrique. Malgré leur désordre étudié, les allégories et les attributs posés sur le socle ne peuvent dissiper l'impression de froideur causée par cet ensemble mal composé, — maladresse qui nous frappe cruellement, quand nous nous retournons vers l'œuvre d'Adam, si légère, si harmonieuse. Mais quels jolis morceaux de sculpture ! Quelle majestueuse sérénité dans le geste et dans les traits du roi ! Quelle sensibilité délicate dans le mouvement de la *Lorraine* fixant sur le visage de son souverain un long regard d'amour et de tristesse ! Des trois figures, la plus achevée est la *Charité*, pâmée sur le sépulcre royal, dans un admirable mouvement de lassitude et d'abandon, insensible aux efforts du petit enfant qui tâche de se hausser jusqu'à son sein découvert. Celle-là est tout entière de la main de Vassé. Les autres parties du monument où l'on peut relever quelques faiblesses d'exécution, furent terminées, après la mort du sculpteur, par son élève Félix Le Comte.

Des inscriptions latines célébraient ici les vertus et les bienfaits de Stanislas, sa piété, ses fondations, ses bâtiments. On les a restituées, lorsqu'on restaura les tombeaux polonais après la Révolution ; mais on avait déjà perdu la tradition du beau style lapidaire d'autrefois et l'on fit subir aux textes anciens de malencontreuses retouches. Parmi toutes ces formules d'adulation auxquelles le marbre et le latin confèrent une superbe dignité, nous en citerons une seule, qui résume — sans flagornerie — l'œuvre du roi bâtisseur.

Animose suscepit, magnifice perfecit.

*
* *

Entre Bonsecours et Saint-Nicolas, dans le faubourg Saint-Pierre, s'élève un vaste bâtiment aux façades nues et sévères. Seul, le corps de logis central, que surmonte une balustrade à l'italienne, présente quelques ornements. Quatre colonnes soutiennent un fin balcon forgé par Lamour et dont les armoiries ont été sauvagement arrachées. Plus haut, des palmes et des rocailles encadrent un magnifique écusson sculpté dans la pierre. C'est, aujourd'hui, le séminaire.

Stanislas qui témoigna toujours l'amitié la plus vive et la plus fidèle à la Compagnie de Jésus, avait chargé celle-ci de prêcher des missions dans les paroisses de Lorraine et de Bar. Il lui fit construire cette belle maison sur les plans d'Emmanuel Héré. D'ailleurs, lui-même y venait souvent loger. Il ne résidait jamais à Nancy, vivant dans ses châteaux de Lunéville et de Commercy; mais, à toutes les fêtes de la Vierge, il communiait dans la chapelle de Notre-Dame de Bonsecours ; la veille, il venait coucher soit au château de la Malgrange soit à la maison des Missions royales. Il fit dans cette intention aménager et décorer l'appartement du rez-de-chaussée.

Toute trace n'a point disparu des séjours que fit ici le roi de Pologne. Les très belles boiseries qui ornaient sa chambre à coucher et la salle des gardes sont à peu près intactes. Un buste de marbre perpétue son souvenir dans la maison et l'on a respecté la grille et l'escalier qu'il fit exécuter par Jean Lamour.

*
* *

Pénétrons dans l'hôtel de ville de Nancy et traversons le vestibule aux colonnes ioniques qui occupe la largeur de l'avant-corps. Gravissons le merveilleux escalier dessiné par

Joly de Saint-Nicolas et dont une double rampe de Lamour marque la double courbure élégante. On a souvent observé — non sans raison — qu'il y a dans la composition de cette grille moins d'aisance et moins de sûreté que dans d'autres travaux du même artiste ; mais la plate-bande de vingt-cinq mètres de long exécutée d'une seule pièce est un chef-d'œuvre de serrurerie dont Lamour était vain : « La peine, écrivait-il, qu'a donnée cette plate-bande n'est pas concevable. Il faut être de l'art pour comprendre combien il faut de justesse pour profiler et contourner ces pièces, sans s'écarter du plan, combien il faut rouler le calibre pour dresser toutes les moulures, filets et faces, pour ne point corrompre cette forme. Je peux présenter cet ouvrage comme peu connu et dire qu'il a été regardé, avec attention, par les gens versés dans cet art. »

Sur le premier palier, une perspective peinte par Girardet simulait des portiques : elle a été en partie détruite pour faire place à une porte, quand on eut la fâcheuse idée d'accoler le bâtiment du musée à l'hôtel de ville.

Au premier étage s'ouvre le salon dit de l'*Académie*. C'est là que Girardet a exécuté quatre fresques allégoriques. Jupiter foudroyant les Titans symbolise la Justice ; Apollon couronnant un jeune poète fait allusion à la fondation de l'Académie de Stanislas ; une cérémonie du culte d'Esculape rappelle la création du Collège de Médecine de Nancy ; Mercure et les attributs du commerce représentent la Bourse des marchands. Le dessin de ces compositions est emphatique, mais l'invention en est ingénieuse. Elles frappent surtout par la merveilleuse harmonie de leurs teintes plates et de leurs tons de brique. Ce sont des fresques, de vraies fresques à l'italienne, brossées sur le mortier frais et non des peintures exécutées à loisir sur un enduit sec. L'application d'un tel procédé est très rare en France. Au plafond du même salon, Girardet a représenté le triomphe de Stanislas, parmi les Muses, des Grâces, des Amours et des Renommées.

Trois fenêtres donnent sur un balcon pour lequel Lamour forgea des grilles d'une extraordinaire somptuosité.

Ce fut de ce balcon que, le 26 novembre 1755, Stanislas assista aux fêtes par lesquelles on célébra l'achèvement de la place Royale et l'inauguration de la statue de Louis XV. Le régiment du roi était en bataille sur la place ; les gardes lorrains se tenaient, l'arme au pied, devant l'hôtel de ville ; la noblesse se pressait aux fenêtres des quatre pavillons ; une foule d'étrangers et de peuple s'écrasait sur les terrasses. Lorsque le roi parut, les acclamations se mêlèrent aux salves d'artillerie. Puis les hérauts d'armes partirent de l'Arc de Triomphe, précédés de timbales et de trompettes, firent le tour de la place et s'arrêtèrent quatre fois pour crier : *Messieurs, c'est aujourd'hui que le roi fait la dédicace du monument que Sa Majesté a fait ériger, comme un gage de l'amour pour le roi son gendre. Vive le Roi !* Alors Guibal et Cyfflé, les auteurs du monument de Louis XV, firent tomber le voile qui recouvrait la statue. Le peuple envahit la place. Tout le reste du jour, le vin coula des fontaines sculptées par Guibal sous les portiques de Jean Lamour. Et Stanislas s'en fut à la Comédie entendre une comédie de Palissot. La pluie, qui se mit à tomber, fit remettre au lendemain les illuminations. Mais les soldats ripaillèrent dans les rues,... cependant que de vieux Lorrains, insensibles à la gloire de Louis le Bien-Aimé et aux vertus de Stanislas le Bienfaisant, allaient en chantant des refrains de leur province saluer le buste du duc Léopold qui décorait la façade d'une maison de la rue Saint-Dizier. Le lendemain, le roi revint au balcon de l'hôtel de ville pour contempler les quatre-vingt mille lampions qui éclairaient les architectures de Héré. Puis, à l'extrémité de la place de la Carrière, on tira un grand feu d'artifice

« composé de soleils, de gerbes à étoiles, de dragons vomissant des feux de différentes couleurs, de pilastres en feu à la mosaïque et d'une perspective de jardin en feu, avec deux piédestaux aux côtés, surmontés de vases d'où sortaient des gerbes de feu ».

Aujourd'hui, c'est du balcon de Stanislas qu'à la fin d'une belle journée d'automne, on peut le mieux sentir toute la séduction du chef-d'œuvre qu'accomplirent à Nancy les artistes lorrains du roi de Pologne, — chef-d'œuvre d'ordre et d'élégance qui satisfait la raison et les yeux, car il est beau de la triple beauté du plan, des architectures et du décor.

Cette place Royale n'est point démesurée, elle n'excède pas l'importance d'une petite capitale. Les édifices environnants sont élevés à la hauteur que commande la dimension de l'espace libre. Les voies d'accès sont assez larges pour rattacher la place à la cité même ; cependant elles ne brisent pas le rythme des architectures. C'est un enclos ; mais les grilles placées entre les bâtiments laissent passer la lumière et la vie. Une admirable trouvaille fut d'abaisser les constructions sur une des faces pour aérer la place, élargir son ciel, sans rompre le cadre monumental ; et du même coup, cet artifice ingénieux étendit la perspective jusqu'à l'extrémité de la Carrière. Quelle merveilleuse ordonnance ! Et aussi quel adorable tableau que celui où l'on voit alterner — sans un disparate — la fantaisie des portiques de Lamour et la classique noblesse des façades de Héré ! Comment ne pas souscrire au jugement que l'architecte lui-même portait sur ses travaux avec plus de vérité que de modestie ? « On y voit, dit-il, la magnificence jointe à la simplicité et l'harmonie des proportions à la délicatesse ; mais aussi un goût nouveau dont il n'y eut jamais d'exemple... » Et ce goût ne fut jamais imité ; nulle part, dans aucun décor de place publique, on ne devait revoir tant « de magnificence » jointe à tant de « simplicité ».

Sans doute, on ne peut s'empêcher de maudire ici les hommes qui, depuis le XVIIIe siècle, ont travaillé à altérer l'harmonie de la place Royale, surchargeant de mansardes les toitures plates des constructions basses, élevant sur le lieu qu'occupait, avant la Révolution, le monument de Louis XV, une déplorable statue de Stanislas, accrochant aux fenêtres des persiennes et des stores qui défigurent les façades, coupant par des entresols les arcades des rez-de-chaussée, parsemant la place de candélabres à gaz où est ridiculement parodié le style de Lamour — méfaits qu'avec un peu de goût il eût été facile d'éviter et qui ne sont pas tous irréparables. Mais, si l'heure est favorable, cédant à la grâce du spectacle, ravi par la perfection des lignes, on a vite oublié l'injure que des barbares ont faite à l'œuvre d'Héré : elle s'efface, elle disparaît, quand un fin soleil d'octobre teint de mauve les jolies pierres des pavillons et que là-bas, au fond de la place, les trophées d'or des grands portiques se détachent triomphalement sur l'or plus pâle des dernières frondaisons.

Après l'enchantement du premier coup d'œil, si l'on veut concevoir l'originalité de la place Royale de Nancy, il faut connaître la genèse du plan, examiner les détails de l'exécution.

Après la paix d'Aix-la-Chapelle, les prévôts des marchands et échevins de Paris avaient décidé d'élever à Louis XV une statue équestre et chargé Bouchardon d'exécuter le monument. Stanislas voulut que Nancy suivît l'exemple de Paris. « Le projet de S. M. fut dès son principe de réunir en Lorraine dans un même temps, deux souverains qui ne devaient que s'y succéder, et donner à tous les siècles le premier exemple d'un roi qui, dans ses propres États, érige des statues à un autre roi. On peut en élever à ses prédécesseurs ; mais il était donné au seul Stanislas d'en consacrer une à son successeur. Il fallait des accompagnements relatifs à un si beau projet et le roi entreprit la construction d'une place Royale à Nancy. » (*Compte général de la dépense, etc.*)

Le point de départ des grands travaux du roi de Pologne fut donc l'érection d'une statue de Louis XV. Mais cette entreprise politique et familiale tourna au profit de la cité.

On songea d'abord à élever le monument sur la place du Marché, la seule qui pût se prêter à un tel décor dans la Ville-Neuve : on aurait transformé l'ancien hôtel de ville en un monument magnifique et dressé une colonnade autour de la place. Mais il eût fallu, plusieurs années durant, transporter le marché dans une autre partie de la ville. Les marchands protestèrent. Stanislas, qui ne se souciait pas de mécontenter les Lorrains, abandonna ce premier projet.

Ce fut alors que l'on choisit l'emplacement resté libre entre les deux villes. Trois bastions de la défense de Nancy, désormais inutiles, subsistaient encore au sud de la place de la Carrière, leurs pointes tournées vers la Ville-Neuve. Les courtines qui réunissaient ces trois ouvrages étaient ruinées. Sur les glacis à peu près nivelés on avait planté des tilleuls. Des baraques et des hangars s'étaient élevés çà et là. Au delà de cette esplanade, quelques beaux hôtels avaient été déjà construits sous le règne de Léopold. Stanislas fit détruire les courtines, combler les fossés, couper les plantations, raser les baraques, démolir les hôtels, aplanir le terrain, et, sur l'espace ainsi débarrassé, Héré reçut l'ordre de dessiner et de bâtir la place consacrée à la gloire de Louis XV, c'est-à-dire de la monarchie française.

Les seuls modèles de places régulières qui auraient pu guider l'architecte nancéien étaient la place Royale de Paris, la place des Victoires et la place Vendôme. Au moment où Héré exécuta son plan, Gabriel n'avait pas encore établi le sien pour la place Louis XV : les lettres patentes du roi de France sont datées de 1757 ; la place Royale de Nancy avait été inaugurée en 1755.

Que l'on compare le dessin de l'une des grandes places parisiennes du XVIIe siècle avec celui de la place de Nancy, on est frappé de la nouveauté de la conception d'Héré. Nous ne retrouvons rien ici de la monotonie claustrale de la place créée par Henri IV au Marais. Nous ne sommes pas en face d'un décor arbitrairement placé au milieu d'une ville, comme la place des Victoires ou la place Vendôme. Par sa symétrie et sa majesté, la place d'Héré symbolise d'une façon claire et imposante la toute-puissance royale; mais, en même temps, c'est une vraie place de ville, disons mieux : c'est la grand'place de la ville.

Dans la suite, elle n'a pas tout à fait répondu à sa destination primitive. Ni Stanislas, ni Héré n'avaient prévu le mouvement mystérieux qui devait pousser Nancy, comme toutes les villes modernes, à se développer vers l'occident. Ils voulaient que la place Royale occupât le centre de la cité nouvelle qu'allaient, dès lors, former la Ville-Vieille, la Ville-Neuve et les quartiers nouveaux créés vers l'est. Aussi Héré mit-il une merveilleuse ingéniosité à en raccorder le contour avec le plan général de Nancy. Il prit soin que sur chacune des faces du quadrilatère débouchassent des rues destinées à rendre l'accès facile, en même temps qu'elles ouvraient de toutes parts de belles perspectives sur la statue royale.

La rue de la Congrégation (aujourd'hui de la Constitution) fit communiquer la place avec le quartier du Chapitre ; les rues des Jacobins (aujourd'hui des Dominicains) et de la Poissonnerie (aujourd'hui Gambetta) la rattachèrent aux quartiers commerçants de la Ville-Neuve ; à l'ouest, la rue Saint-Stanislas (aujourd'hui Stanislas) et, à l'est, la rue Sainte-Catherine et le prolongement de la rue de la Poissonnerie (aujourd'hui rue d'Alliance) traversèrent les quartiers fondés par Stanislas lui-même. Enfin une issue fut ouverte au nord, sous l'Arc de Triomphe, vers la Carrière et la Ville-Vieille. Ainsi fut résolu le problème de fondre trois villes en une seule. Mais dans les œuvres de l'architecture, la difficulté surmontée est souvent le principe d'une beauté imprévue. La nécessité de ménager des communications aussi nombreuses conduisit Héré à des combinaisons charmantes ; elle lui suggéra d'élever, au levant et au couchant, deux pavillons séparés — disposition qui évita la monotonie des façades continues — et d'établir aux angles de la place ces pans coupés qui donnent à l'ensemble du dessin tant de grâce, tant de souplesse.

*
* *

Il y a peut-être moins d'originalité dans la structure même des édifices que dans le tracé du plan général de la place Royale. C'est à Boffrand que Héré doit le dessin de ses façades. Sur la place de la Carrière, Boffrand avait élevé, en 1715, un très bel hôtel que Léopold offrit au prince de Craon ; on sait les raisons du cadeau : le duc aimait la princesse. Cet hôtel est aujourd'hui devenu le Palais de Justice. Dévasté à l'intérieur, où seul un salon a conservé ses boiseries d'autrefois, il a subi dans ses dehors de fâcheux remaniements. Mais nous connaissons son état ancien par une des planches du recueil de Boffrand intitulé : *Le Livre d'architecture contenant les principes généraux de cet art et les plans, élévations et projets de quelques-uns des bâtiments faits en France et dans les pays étrangers* et publié en 1745. « Que l'on contemple, écrit M. Pfister, le plan de cet hôtel

tel qu'il existait à l'origine ; qu'on observe au rez-de-chaussée
ses six arcades à plein cintre avec les mascarons à la clef, les
sept pilastres corinthiens le long du premier et du second étage,
la disposition des fenêtres cintrées du premier étage et des
petites fenêtres bombées du second ; qu'on jette un coup d'œil
sur les balcons et sur la galerie à jour aujourd'hui disparue qui
court au sommet et qui supporte des vases élégants, et l'on
verra tout de suite où Héré a pris son modèle pour les bâtiments
de la place Royale. » La remarque est juste. Héré garde le
mérite d'avoir adopté avec un goût parfait le dessin de Boffrand
à ses propres constructions : il a calculé avec une irréprochable
justesse les dimensions de ses divers bâtiments ; il en a propor-
tionné la hauteur à celle de la statue qu'ils devaient environ-
ner ; il a enfin rompu la monotonie de la longue façade de
l'Hôtel de Ville en marquant les trois avant-corps par des res-
sauts délicats et imaginé le fronton élégant qui couronne la
partie centrale de l'édifice.

Les quatre pavillons de la place Royale devaient recevoir
des destinations diverses : l'un devait abriter en même temps
le collège de Médecine et le théâtre (on n'y dissèque plus, mais
on y joue encore la comédie) ; un autre fut concédé à un sieur
Jaquet (c'est toujours une maison particulière) ; le troisième
devint le logis d'Alliot, l'intendant de la maison du roi (c'est un
hôtel) : le quatrième fut habité par le fermier général (c'est
l'évêché). Mais bâtis sur un même plan ils reçurent une ornementation pareille. Ce fut aux frais de Stanislas et sous la
direction de Héré, que Guibal, Dieudonné, Lenoir, Belchamp,
Meny, Menuet et Doron exécutèrent les vases, les groupes et
les palmiers des terrasses, les masques des clefs, les guirlandes
des cintres. Les mêmes travaillèrent aux sculptures de l'Hôtel
de Ville et des maisons basses de la face septentrionale, qu'on
appelait les trottoirs de Stanislas. Toute cette statuaire, qui

ne manque ni de grâce ni même d'invention, vaut surtout par son parfait accord avec les lignes de la construction ; là, comme partout, on sent la vigilance d'un architecte qui savait commander et se faire obéir.

*
* *

La place Royale n'eût été qu'une belle place, et non une œuvre d'art unique sans le serrurier de génie qui en forgea les balcons, les grilles et les portiques.

On ne sait pas d'une façon précise quelle fut la part d'Héré dans la composition de ce décor extraordinaire. Éblouie par la nouveauté des œuvres de Lamour, la postérité a retenu le nom du serrurier ; elle a moins bien gardé la mémoire d'Emmanuel Héré. Cependant, ces constructions de fer ont tant d'aplomb, elles sont si bien équilibrées, leurs caprices les plus fantasques se jouent autour d'une armature si logique qu'il est impossible de ne pas reconnaître dans ces chefs-d'œuvre, sinon la main, du moins le conseil d'un grand architecte. Abandonné à lui-même, Lamour se fût, sans doute, laissé étourdir par sa propre virtuosité. Cela dit, admirons sans réserve les merveilles dont il a paré la place Royale.

Un incomparable balcon occupe toute la largeur de l'avant-corps de l'Hôtel de Ville ; les armes de Stanislas et les aigles polonaises s'y détachent sur un fond treillagé ; l'artiste s'est efforcé d'y « rendre l'effet du bronze ciselé et recherché avec exactitude ». Puis ce sont les quatorze balcons des fenêtres de l'Hôtel de Ville, les cinquante-six balcons des pavillons, produits d'une imagination abondante, raffinée, diverse.

A l'entrée des rues débouchant sur la place s'élève une double grille à pilastres, enroulée de feuilles et de rinceaux, surmontée de vases fleuris et de couronnes royales. Elle laisse

passage aux piétons sous un arc élégant, et au bout de la po-
tence en volute dont elle est accostée, un coq tient dans son
bec la chaîne d'une lanterne, au-dessus de la chaussée.

De chaque côté de la place, entre le dernier pavillon et les
maisons basses des « trottoirs », un triple portique encadre les
fontaines de Guibal, mythologiques, rocailleuses, contournées et charmantes, où l'on voit des dauphins qui crachent,
des enfants qui barbotent et des tritons qui soufflent dans leurs
conques. Grilles et fontaines se détachent sur un fond de verdure, adorable tableau que l'on composa pour masquer aux
regards des passants les débris des deux bastions de la Ville-
Vieille. Ces portiques se développent sur un plan cintré. L'arc
principal s'ouvre entre deux grands pilastres aux merveilleux
chapiteaux d'ordre composite. Des pyramides, des trophées,
des médaillons, des palmes et les armes royales forment un
couronnement d'une indicible somptuosité.

Frappé du contraste que présentent la richesse des grilles
et la sobriété des façades, on a parfois parlé d'un « mélange
de styles ». Les uns ont vu là le Louis XIV voisinant
avec le Louis XV. Selon les autres, l'art de Lamour c'est
l'épanouissement du Louis XV et celui de Héré la naissance
du Louis XVI. On a même parlé d'un style particulier, d'un
style lorrain.

Cette façon de caractériser les styles est d'une flagrante
inexactitude. On a vu que les façades de la place Royale sont
la reproduction d'une façade élevée à Nancy par le *breton* Boffrand, en 1715. Or, les hauts pilastres corinthiens qui caracté-
risent les constructions de Boffrand furent en faveur dès le
siècle précédent. On peut donc dire que Héré est resté fidèle à
la tradition du Louis XIV. Mais, d'autre part, quelques années
plus tard, Gabriel bâtira le petit Trianon qui n'est point sans
analogie avec les pavillons de Nancy, le petit Trianon que l'on

donne assez communément comme un type de l'architecture
Louis XVI — quoique, d'ailleurs, il ait été élevé en 1766.

En réalité, l'architecture française — infiniment diverse dans
ses productions — n'a guère varié de *style* pendant deux
siècles.

Quant à Lamour, nous avons déjà montré en lui le disciple
des artistes qui, dès les dernières années du règne de Louis XIV,
avaient renouvelé toutes les formes de la décoration, substitué
aux lignes droites les courbes, les sinuosités, les volutes, les
rocailles, donné une grâce inattendue aux lambris, aux meubles, aux céramiques. Avec un rare bonheur, il appliqua ces
principes nouveaux à l'art de la serrurerie.

Mais, par la force des choses, ces mêmes principes devaient
rester étrangers à l'art de la construction, la logique et l'équilibre étant les conditions mêmes de la solidité. Les grands
architectes du xviiie siècle l'ont admirablement compris.
Boffrand, le premier, qui dans le décor des intérieurs ne reculait
devant aucune audace, aucune fantaisie (on peut s'en convaincre en visitant l'hôtel de Soubise, aujourd'hui les Archives
nationales), ne s'écartera jamais, dans le dessin des façades, du
style le plus sévère. Héré fit de même. Dans les bâtiments de
Nancy il ne laissa pas les décorateurs compromettre la pure
beauté des lignes architecturales. Il n'était pas insensible aux
prestiges du goût charmant qui régnait en son temps : la part
qu'il fit à Lamour dans l'ensemble de son œuvre nous en
fournit la preuve ; mais il pensait que l'architecture ne
peut se ployer aux témérités de la mode. Chacun garda donc
son rang et sa tâche ; l'architecte bâtit, le serrurier décora.
C'est le secret de ce que l'on a nommé, sans raison, une
diversité de styles... C'est aussi le secret de l'unique et
parfaite beauté dont la place Royale de Nancy nous offre
le spectacle.

**

En arrière des bastions de la Ville-Vieille s'étendait la longue place de la Carrière, où se donnaient autrefois des fêtes, des joûtes et des courses de bagues. Léopold avait commencé de l'embellir. Boffrand y avait achevé l'hôtel de Craon. Mais les travaux du palais ducal, du « Louvre » qu'il devait édifier au nord de la place, avaient été interrompus ; seul le péristyle était debout. Lorsque la place Royale fut terminée, Stanislas et ses artistes s'occupèrent de régulariser et d'orner la Carrière : c'était l'achèvement nécessaire de leur œuvre.

Orné de beaux bas-reliefs de marbre, débris de l'ancienne Porte Royale démolie par Stanislas, portant sur son entablement, parmi les statues des dieux, la Lorraine et la Renommée qui présentent l'image de Louis XV à la vénération des peuples, un arc de triomphe réunit les deux places. Dans ses lignes générales, il rappelle l'arc de Septime-Sévère. Il montre des proportions si justes, un décor si gracieux, qu'on ne songe pas, en le contemplant, à l'emphase des symboles et au ridicule de la glorification.

Aux extrémités de la Carrière se dressent des grilles de Lamour, semblables à celles de la place Royale : elles suffisent à établir une harmonie délicate entre les deux ensembles, si différents cependant par le tracé du plan et l'aspect des édifices.

L'hôtel de Craon, à droite, et la Bourse du commerce (maintenant le Tribunal de commerce), à gauche, marquent l'entrée de la place par leurs façades pareilles et symétriques ; puis, sur toute la longueur de la Carrière, s'alignent de part et d'autre des hôtels d'une construction simple et régulière. Entre les deux chaussées, un mur à hauteur d'appui limite un charmant promenoir, formé de deux allées de tilleuls, et c'est là que le décor se continue par une suite de vases, de fontaines et de jeux d'enfants — agréables sculptures de Söntgen, de Lepy, de Mény, qui, jadis, étaient tournées vers l'intérieur de la place et auxquelles on a fait accomplir une volte-face du côté des maisons.

Entre deux pavillons plus hauts et plus élégants (celui de gauche, en regardant le palais, fut donné par le roi à Héré), les lignes de la place s'écartent brusquement pour former un double fer à cheval devant le palais du Gouvernement. Ici, s'ouvre une cour ovale enfermée d'une fine colonnade que décorent des bustes à l'antique. Avec une souveraine aisance, cette colonnade, après s'être infléchie pour dessiner le contour de la clôture, se redresse, en rencontrant la muraille du palais et se transforme en péristyle sur toute la façade de l'édifice, tandis que la galerie dont les vases et les balustrades égayaient la courbe des terrasses se change en un balcon, si bien que les architectures du palais et celles de la cour se rejoignent, s'accordent et se confondent.

C'est un enchantement. Une œuvre pareille eût suffi à la gloire d'Héré. Ici, l'architecte nancéien n'imita personne.

Quant au palais du Gouvernement, c'est un grand pavillon de deux étages couronné de balustrades. Il fut, à l'intérieur, décoré de peintures et de boiseries sculptées qui, malheureusement, ont, presque toutes, disparu. Stanislas l'avait réservé à l'intendant ; mais, celui-ci étant allé se loger dans un des pavillons de la place Royale, le palais échut au gouverneur. C'est maintenant l'hôtel du général commandant le corps d'armée.

A l'est de la place Royale, sur des terrains déserts où Léopold avait créé un vaste potager, Stanislas établit un quartier neuf et chargea Héré d'y dessiner une place régulière plus modeste que celle consacrée à la gloire de Louis XV. Il désirait la dédier à son patron saint Stanislas et l'orner de sa propre statue.

Le plan fut tracé ; mais les circonstances modifièrent le nom et le décor de la place. Louis XV venait de traiter avec Marie-Thérèse. L'accord de la France et de la Maison d'Autriche réjouissait la Lorraine, car le dernier duc, François III, avait épousé Marie-Thérèse. Pour célébrer cet événement la place fut nommée « place d'Alliance » et l'on décida d'y élever un monument commémoratif.

Cyfflé venait de dessiner une fontaine destinée à occuper le centre de l'hémicycle devant la façade du palais du Gouvernement. Les sculptures devaient y symboliser les victoires de Louis XV. On changea les allégories guerrières en des emblèmes de paix et de concorde et l'on plaça le monument ainsi travesti sur la place d'Alliance. Quand nous avons sous les yeux le dessin primitif, nous regrettons un peu la métamorphose. Mais telle qu'elle nous apparaît aujourd'hui, cette fontaine est encore une des plus ravissantes dont fut jamais décorée une place publique.

Au milieu d'un bassin, assis sur un socle de rochers, trois fleuves barbus tiennent les urnes d'où l'eau s'écoule. Sur leurs dos courbés ils soutiennent un obélisque effilé que surmonte un petit génie de la Renommée brandissant sa trompette. Le gracieux contour de la margelle, l'élégance des figures, le dessin délicat du plateau où se dresse l'obélisque, l'alerte mouvement de la Renommée, les tons harmonieux des plombs et des pierres font de ce monument une merveille de goût et de légèreté. Les attributs et les trophées qui achèvent le décor sont commentés par des devises latines dont l'une résume avec une superbe concision les sentiments que devaient éveiller dans les cœurs lorrains l'alliance nouvelle de la France et de l'Autriche :

Prisca recensque fides votum conspirat in unum.

Sur les quatre côtés de la place d'Alliance, s'élèvent des hôtels privés ; leur sévère architecture et leurs toits en ardoises contrastent avec les façades monumentales et les terrasses à l'italienne de la place Royale. Mais leur symétrie leur donne un grand air de noblesse, et sur les clefs des fenêtres et des portes, les sculpteurs de Stanislas ont sculpté de jolis mascarons.

D'abord cette place était nue. En 1763, on y planta une double rangée de tilleuls. Sous Louis-Philippe on voulut les abattre, mais les Nancéiens protestèrent et obtinrent que les arbres fussent maintenus : ils encadrent la fontaine de Cyfflé d'un cloître de verdure qui ajoute encore à l'émouvante beauté de la place silencieuse.

Le dernier embellissement que Nancy reçut de Stanislas fut la plantation de la Pépinière, promenade merveilleuse dont le charme est rendu plus vif par le voisinage des places monumentales ; auprès de belles architectures, rien n'est délicieux comme la verdure des pelouses et l'ombre des grandes allées.

A vrai dire, il en est de la Pépinière comme de tant d'autres parcs dont nous jouissons aujourd'hui sans que jamais leurs créateurs en aient connu la beauté. Les monuments s'effritent et s'écroulent, les arbres grandissent. Nous devons notre gratitude à ceux qui, comme le vieillard de La Fontaine, ne craignant pas « le long espoir et les vastes pensées », nous firent présent de beaux ombrages.

Entre le rempart à demi ruiné de la Ville-Vieille et le cours de la Meurthe, au delà des casernes bâties dans la nouvelle rue Sainte-Catherine (aujourd'hui caserne Thiry), s'étendaient des prairies et des marécages. Des décombres et des immondices comblaient à demi le fossé de la ville. A cette place, Stanislas résolut d'établir une pépinière royale. Il mourut en 1766, quelques mois après qu'on eut pris les mesures financières nécessaires à l'exécution de son projet ; mais, les années suivantes, son plan fut réalisé par l'administration française.

Le terrain choisi fut celui qui est occupé par le jardin actuel. On parla, un instant, de reculer la limite de la Pépinière jusqu'à la Meurthe ; on y renonça faute de ressources. L'espace fut divisé en seize « carreaux » de grandeur à peu près égale, séparés par des allées régulières. De grands arbres ombrageaient le pourtour et les deux avenues centrales. Au milieu fut ménagé un vaste rond-point avec des bancs de pierre. Sur l'emplacement des anciennes fortifications fut établie une terrasse plus élevée que le reste du parc.

Cette pépinière devait fournir des arbres pour l'ornement des grandes routes de la Lorraine et servir de promenade aux habitants de la ville. Afin de la faire communiquer avec la place Royale, on fit disparaître les deux petites fontaines qui, sous le portique de Lamour, flanquaient la fontaine d'Amphitrite et ce fut grand dommage, car on rompit ainsi la symétrie des décorations de la place Royale.

Après la Révolution, on cessa d'exploiter la Pépinière qui devint un simple jardin d'agrément. Depuis, elle a subi quelques transformations qui toutes ne furent pas heureuses. Entre la terrasse et les anciens « carreaux », fut tracé un jardin paysager avec des gazons vallonnés et des corbeilles de fleurs : cette concession au goût moderne a un peu altéré le noble aspect des vieilles allées à la française. A l'extrémité nord de la terrasse,

on a fait disparaître le Manège des pages, amphithéâtre d'un
joli dessin, auquel on accédait par un double escalier monumental. Puis, on a élevé dans la Pépinière ces constructions
et ces clôtures dont on a maintenant coutume d'encombrer
tous les parcs et tous les jardins publics : pavillons de garde,
kiosque à musique, cages, volières, vélodrome, etc... Enfin les
statues, les implacables statues ont fait leur apparition. Au
milieu d'une pelouse, on a commencé par élever la statue de
Claude Gelée, par M. Rodin. On comprend que la Lorraine
ait voulu consacrer un monument au plus illustre de ses artistes ;
on admire la fine et nerveuse élégance de cette sculpture, le
mouvement emporté des Chevaux du Soleil qui décorent le
piédestal. Mais le lieu n'est pas favorable : la pelouse est trop
vaste et le socle trop élevé. Non loin de la statue de Claude
Gelée, on a élevé un monument au peintre Charles Sellier. Et
voici maintenant le jardin ouvert aux statuaires ! Que les
Nancéiens considèrent en quel état l'abus de la sculpture a mis
les jardins de Paris.

Si à ces grands ouvrages nous ajoutons les deux portes que
Stanislas fit construire aux deux extrémités des quartiers
neufs, la porte Sainte-Catherine, d'ordre dorique, ornée de bas-
reliefs assez médiocres, la porte Saint-Stanislas, également
d'ordre dorique et où se distinguent quatre jolies statues sym-
bolisant la Peinture, la Sculpture, l'Architecture et la Musique,
nous aurons passé en revue tous les bâtiments du roi de Pologne
à Nancy.

Cette œuvre, française de goût, a été exécutée dans ses parties les plus importantes par des artistes lorrains : nous l'avons
déjà indiqué. Il faut y revenir, car cette circonstance devrait

assurer à Stanislas l'éternelle reconnaissance de la Lorraine. Or, depuis quelques années, la Lorraine traite sans respect la mémoire du roi de Pologne. Les jeunes Lorrains qui, avec une louable ténacité, travaillent à maintenir l'esprit et à ressusciter les traditions de leur province, montrent quelque mépris pour le souverain étranger qui prit la place des ducs héréditaires. Plus attachés et plus dévoués à la France qu'aucun Français, ils ont des rancunes historiques. Ils iraient volontiers comme leurs ancêtres faire leurs dévotions devant le buste du duc Léopold.

Par sa magnificence même, le Nancy de Stanislas dut étonner et choquer les Lorrains d'autrefois. Tant de luxe sur les façades était pour déplaire à des gens qui toujours se montrèrent plus soucieux de la réalité que des dehors. Et peut-être subsiste-t-il un peu de ce sentiment dans la prévention qui anime encore certains Lorrains d'aujourd'hui contre ce Polonais trop fastueux. Mais il faudrait prendre garde que Stanislas ne fut pas le premier à vouloir franciser le goût lorrain ; que Léopold — le grand Léopold lui-même — avait appelé à Nancy Boffrand, architecte français ; que, si les hasards de l'histoire avaient maintenu à Nancy la dynastie ducale, quelque successeur de Léopold eût poursuivi à peu près les mêmes desseins, — peut-être avec moins de succès. On peut, en effet, se demander si, au lieu d'employer Héré, Lamour, Girardet, c'est-à-dire des Lorrains, comme le fit Stanislas par raison politique, le duc de Lorraine n'aurait pas dédaigné les artistes de son duché et fait venir de Paris architectes et décorateurs

CHAPITRE VI

NANCY DEPUIS LA MORT DE STANISLAS

Nancy sous l'administration française : le cours Léopold et la porte
Désilles ; l'Université ; la Bibliothèque ; le couvent de la Visitation.
— Le musée de la ville de Nancy : sa fondation sous la Révolution ;
La mort de Charles le Téméraire ; Eugène Delacroix à Nancy ;
quelques toiles du musée. — Les transformations de Nancy au
xixᵉ siècle : les statues ; la création des nouveaux quartiers ; les
églises. — L' « école de Nancy » : Émile Gallé ; les verriers ; les
décorateurs ; les architectes.

L'administration française continue l'œuvre entreprise par
Stanislas. Jusqu'à la Révolution, Nancy s'embellit et s'agran-
dit. On a déjà vu comment la Pépinière a été achevée par les
intendants du roi. Mais, en même temps, voici que la ville
se développe vers le couchant, et l'emplacement où s'étend
aujourd'hui le cours Léopold est enfermé dans l'enceinte du
mur d'octroi.

A l'occasion de la naissance du Dauphin, fils de Louis XVI
et de Marie-Antoinette, une porte nouvelle est élevée dans
la direction de la route de Pont-à-Mousson. On lui donne le
nom de l'intendant qui a décidé son érection, le maréchal de
Stainville. Le 30 août 1790, un jeune breton Désilles se jette
entre la garnison révoltée et les troupes du roi accourues de
Metz pour mater les rebelles ; il est tué, mais son dévouement
arrête le combat et décide la garnison à se rendre. En mémoire
de cet acte d'héroïsme, la porte prend le nom de Désilles. On
le lui retire ensuite, puis on le lui rend. Et dans le cadre où

furent successivement gravées une inscription monarchique en latin et une inscription révolutionnaire en français, on lit maintenant sur une affreuse planche : Porte Désilles.

C'est un arc de triomphe d'ordre ionique où sont sculptés d'amusants bas-reliefs. Du côté du cours Léopold de petits génies allégoriques rappellent l'alliance de la France avec les États-Unis et l'affranchissement des nègres. Au sommet de la porte, la France et un nègre présentent le médaillon de Louis XVI que la Gloire couronne, composition qui rappelle celle de l'Arc de Triomphe de la place Royale. Sur la face extérieure, un long bas-relief représente la bataille de Nancy. L'abondant Sontgen est encore l'auteur de ces sculptures.

Le cours Léopold est aujourd'hui couvert de magnifiques ombrages. Une statue du général Drouot par David d'Angers se dresse au rond-point central, depuis 1853. Plus loin, à l'entrée des avenues, sur l'esplanade qui a remplacé l'ancienne place de Grève, la Lorraine a érigé à la mémoire du président Carnot un grand obélisque en granit des Vosges que décorent des allégories de bronze par MM. Vallin et Prouvé. Enfin, au centre de la même esplanade, s'élève un château d'eau. Et ces quatre monuments, la fontaine, l'obélisque, Drouot et l'Arc de Triomphe, sont plantés à la file, comme pour jalonner la place, conception décorative qui eût peut-être surpris Emmanuel Héré. Sur cette place, en 1858, Morey, architecte de la ville de Nancy, construisit le palais de l'Académie, aujourd'hui palais de l'Université. Sa pesante façade eût, elle aussi, inquiété le goût de l'architecte du palais du Gouvernement.

La monarchie pour s'attacher les Nancéiens satisfit deux de leurs plus anciens désirs. En 1768, Louis XV ordonna que l'Université, fondée à Pont-à-Mousson par le duc Charles III, serait transportée à Nancy. En 1777, un évêché fut créé dans la ville.

Il fallut dix années pour achever les bâtiments de l'Université. C'est là que maintenant est logée la bibliothèque publique, fondation de Stanislas. On l'installa d'abord dans la galerie des Cerfs de l'ancien palais ducal, puis dans des salles de l'Hôtel de Ville. En l'an VIII elle fut transférée dans l'Université. Sa richesse est extrême et son organisation parfaite. Elle compte 100.000 volumes et renferme des manuscrits précieux comme la *Grammaire de Saint-Colomban, les Heures de Notre-Dame de Pitié*, des livres rares comme les *Heures latines de la Vierge*, le plus ancien des livres qui soient sortis des presses lorraines, d'admirables reliures de la Renaissance et du XVIIIe siècle, une belle collection d'estampes et de plans.

Un assez bon portrait par Girardet y rappelle le souvenir de Stanislas. On y conserve aussi un grand camée antique où est figurée l'apothéose d'Adrien : il provient d'un reliquaire célèbre autrefois conservé à Saint-Nicolas-du-Port.

Pour clore l'histoire monumentale de Nancy avant la Révolution, il faut mentionner encore les bâtiments de la Visitation (1780) où est établi le Lycée. Au-dessus de la porte de la chapelle, dans la rue de la Visitation, Sontgen a sculpté un beau fronton, peut-être la meilleure des innombrables sculptures qu'il exécuta dans Nancy

Ce fut la Révolution qui fonda le musée de Nancy, comme elle a fondé presque tous les musées de France. Elle ruina les églises et les châteaux et s'empressa d'en recueillir les décombres. Elle édicta des lois pour encourager le vandalisme et elle en édicta d'autres pour sauver ses propres victimes. Chemin faisant, nous avons signalé les ravages qu'elle fit dans Nancy : les portes de la ville mutilées, les armoiries arrachées des grilles de Lamour, les sculptures de la Porterie du palais ducal mises en pièces, la statue de Louis XV détruite, etc...; mais la Convention avait aussi décrété de conserver tous les objets ayant appartenu à des couvents ou à des émigrés. Le 16 mai 1793, un arrêté du département de la Meurthe chargeait les citoyens Joseph Laurent, « peintre demeurant à Nancy » et J.-B. Chargoit, « notaire à Senones, amateur », d'estimer les tableaux et œuvres d'art qui se trouvaient dans le district. L'estimation faite, un *Museum* fut créé dans l'ancienne chapelle de la Visitation.

Après la Révolution, les peintures et les sculptures qui avaient été enlevées aux églises leur furent restituées. On ne conserva dans le Museum que celles provenant des émigrés. Bientôt à cette première collection vinrent se joindre les envois du *Musée central* de Paris, puis, plus tard, les dons de l'État, les achats de la ville, les legs des particuliers. En 1845 le musée de Nancy comptait 194 peintures, aujourd'hui il en compte plus de 700.

Le Lycée s'étant établi dans les bâtiments des Visitandines, statues et tableaux avaient été portées dans l'ancienne Université ; en 1814, on les transféra dans la « ci-devant École de médecine », sur la place Stanislas, puis en 1829 dans l'Hôtel de Ville. Ils y sont demeurés, mais, par deux fois, le local qui leur était réservé fut agrandi. Ils occupent maintenant une vaste construction élevée en arrière de l'édifice de Héré.

Le musée de sculpture est assez pauvre. Quant à celui de peinture sans être aussi riche que les galeries de Lille, de Montpellier, de Nantes ou de Lyon, il renferme quelques tableaux de prix et un des chefs-d'œuvre d'Eugène Delacroix.

Allons d'abord au chef-d'œuvre : *La Mort de Charles le Téméraire à la bataille de Nancy*. Si l'on a contemplé, ne fut-ce qu'une fois, cette toile admirable, on ne peut oublier ni le ciel bas et blafard où traînent des nuages glacés et où passent des lueurs de crépuscule, ni l'effroyable mêlée toute hérissée de lances et d'oriflammes, ni le geste terrible du Téméraire désarçonné qui s'accroche à la crinière de son cheval.

En 1828 Charles X, ayant traversé Nancy, promit à cette ville de lui donner un tableau où serait représenté l'événement le plus glorieux de la chronique de Lorraine. La toile fut commandée par le gouvernement à « un jeune peintre déjà connu par des productions distinguées ». C'était ainsi que le document officiel désignait l'auteur de *Dante et Virgile*, des *Massacres de Scio* et de *Sardanapale*. L'esquisse fut vite terminée, mais la peinture ne fut achevée qu'en 1834. Les archéologues et les historiens la censurèrent, bien que Delacroix eût suivi dans sa composition les conseils de M. Caumont. Quant aux critiques classiques, ils ne virent dans l'œuvre que de « mauvais chevaux estropiés dans un pays plus qu'étrange, sous un ciel impossible, une incroyable saleté de couleurs, un dessin incorrect à plaisir ».

Au mois d'août 1857, Eugène Delacroix, se rendant à Plombières, s'arrête à Nancy[1]. Il goûte l' « unité style » des bâtiments et s'égaie devant la statue de Stanislas « représenté dans un costume qui rappelle les troubadours de l'empire » ; il aime la forme des clochers de la cathédrale et juge l'intérieur « un peu froid » ; il passe devant la statue de Drouot « pitoyablement représenté comme tous les héros de notre temps, grâce à l'indigence de la sculpture » ; il admire les ornements de la porte de la Craffe, l'architecture du palais ducal, les ombrages de la Pépinière, le réalisme de Ligier Richier et l'art de Vassé, et, enfin, s'en va au musée. « Mon tableau, note-t-il, est placé trop haut et privé de lumière. Toutefois, il ne m'a pas déplu. »

Il faut continuer de citer le *Journal* puisque nous avons la

1. *Journal d'Eugène Delacroix*, t. III, p. 278.

chance d'avoir Delacroix lui-même pour cicerone dans le musée de Nancy.

« Beaux Ruysdaël. Grand tableau hétéroclite dans le style de Jordaens et non sans une verve sauvage de la *Transfiguration*, tableau en large où l'on a reproduit et par conséquent délayé, à cause de cette disposition en largeur, les principaux groupes de Raphaël [1].

« Deux tableaux, esquisses probablement de Rubens, qui m'ont frappé plus que tout, non qu'ils présentent dans toutes leurs parties la franchise de la main de Rubens, mais il y a ce je ne sais quoi qui n'est qu'à lui. La mer, d'un bleu noir et tourmenté, est d'une vérité idéale. Dans le *Jonas jeté hors de la barque*, le monstre du devant semble remuer et battre l'eau de sa queue. On le distingue à peine dans l'ombre du devant, au milieu de l'écume et des vagues noires et pointues. Dans l'autre, le *saint Pierre* a une pose froide ; mais l'admirable de cet homme, c'est que cela ne diminue point l'impression. Je sens devant ces tableaux ce mouvement intérieur, ce frisson que donne une musique puissante. O véritable génie, né pour son art ! toujours le suc, la moelle du sujet, avec une exécution qui semble n'avoir rien coûté ! Après cela, on ne peut plus parler de rien, ni s'intéresser à rien... » Cependant il mentionne encore les fresques de Girardet dans le salon carré de l'Hôtel de Ville, « un ensemble qu'on ne peut plus reproduire de nos jours ».

Il ne nous est pas permis d'imiter Delacroix qui pour ne pas pousser plus loin sa visite, avait le droit d'alléguer l'excès de son enthousiasme et nous devons, pour être justes, citer, après le Ruysdael et les Rubens : une sombre et tumultueuse bouffonnerie de Hemessen, les *Vendeurs chassés du Temple ;* — une

---

1. Il semble, aujourd'hui, démontré que ce tableau est une œuvre de jeunesse de Rubens.

Vierge attribuée à Van Dyck (épave de la vieille église Saint-Evre), tant et si bien repeinte qu'on ne saurait en conscience affirmer qu'elle ne fut pas de Van Dyck, autrefois ; — un Pérugin que de terribles restaurations n'ont pas absolument défiguré ; — une belle madone siennoise que l'on donne sans invraisemblance à Duccio di Boninsegna ; — un Poussin (l'*Entrée de Jésus à Jérusalem*) — un joli paysage (*Le grand marronnier*) attribué à Claude Gelée ; — trois peintures de Lemoine, la *Continence de Scipion, Hercule délivrant Henone* et une esquisse de l'*Apothéose de saint Louis*, où l'on peut admirer le coloris clair et frais de ce délicieux artiste ; — le *Repos de Diane* par de Troy, qui obtint un prix, en 1727, dans le même concours où fut récompensé la *Continence de Scipion* de Lemoine ; — deux portraits fins et un peu secs par Falconet, le fils du sculpteur ; — un admirable portrait de Largillière : *Esnault, curé de Saint-Martin-des-Grès ;* — le vivant portrait d'un *Inconnu* par Toqué : regard de myope, face de gourmet, carrure de financier ; — le délicat portrait d'un architecte (peut-être Boffrand) par Restout, etc...

Enfin, deux artistes nancéiens du XIXe siècle, le caricaturiste Grandville et le peintre Sellier, sont, l'un et l'autre, représentés dans ce musée. Les 804 dessins et croquis de Grandville montrent la manière précise et laborieuse de cet illustrateur qui eut plus d'ingéniosité que de fantaisie, et moins d'art que d'esprit. Quant à Sellier, quelques toiles bien choisies révèlent le talent original d'un artiste à qui justice n'a peut-être pas été rendue. Son *Léandre mort* et sa *Madeleine pénitente* sont ici ses œuvres les plus caractéristiques : on y peut goûter son dessin sûr et loyal, les tons ambrés dont il peignait les carnations, la brume blonde presque dorée dont il enveloppait les contours du nu. Sellier fut aussi un portraitiste remarquable : le portrait de Mme Victor Massé est là pour nous en convaincre.

On voit aussi dans le musée quelques tableaux des peintres lorrains d'aujourd'hui : M. E. Friant, Aimé Morot, V. Prouvé. Mais leur œuvre la plus considérable est la décoration de la salle des fêtes de l'Hôtel de Ville. M. Friant y a exécuté deux grands panneaux : les *Jours heureux*, et M. Aimé Morot a peint le plafond. Douze charmants médaillons de M. V. Prouvé y représentent les douze mois de l'année. Constatons, que pour assurer à un décor de l'harmonie et de l'unité, il ne suffit pas d'en donner la commande à trois artistes nés dans la même ville.

*
* *

Nous serons bref et, pour cause, sur les embellissements de Nancy au xixe siècle. D'ailleurs, en nous promenant à travers la Ville-Vieille et la Ville-Neuve, nous avons déjà rencontré les deux principaux édifices élevés depuis la Révolution : le palais de l'Université et l'église Saint-Evre. Au passage nous avons aussi remarqué quelques statues modernes : Stanislas, René II, Claude Gelée, Drouot, etc...

A ces monuments il faut ajouter celui de Thiers en face de la gare, une admirable réplique de la Jeanne d'Arc de Fremiet, puis les effigies des illustrations nancéiennes : la statue de Callot par Eugène Laurent qui, entre les bustes d'Israël Sylvestre et de Ferdinand Saint-Urbain par Pêtre, décore une des façades latérales de l'Arc de Triomphe ; la déplorable statue de Héré par Jacquot des Bains sur la face opposée entre deux consoles vides qui attendent, sans doute, les bustes de Lamour et de Girardet ; la statue de l'agronome Mathieu de Dombasle par David d'Angers ; le monument de Grandville par Bussière ; un buste charmant de Gringoire par le même ; le buste de Crevaux l'explorateur, placé sur une fontaine dans l'agréable jardin botanique que créa Stanislas.

Comme nous l'avons dit, en contant l'histoire du développement de Nancy, la ville s'est, depuis 1871, étendue bien au delà des limites où elle était enfermée au XVIIIe siècle. Les anciens faubourgs sont devenus des quartiers urbains. C'est au nord et surtout à l'ouest que les constructions ont gagné du terrain avec une incroyable rapidité. Au delà de la ligne du chemin de fer une grande cité s'est bâtie. Malheureusement les Nancéiens n'ont point songé à profiter des beaux exemples d'ordre et de prévoyance que leur offrait le passé de leur ville. Le hasard seul a tracé de nouvelles voies. Nulle part on ne s'est soucié des perspectives. Il n'y a que des carrefours et pas une place. La ville naguère acquit un parc délicieux, le parc Sainte-Marie, qu'un rideau d'arbres isole des rues voisines ; et, déjà, avant même que la promenade ne soit ouverte au public, on parle de couper les arbres et d'enfermer ce qui restera du parc dans une ceinture d'immeubles.

Dans les quartiers neufs se sont élevées des églises neuves : Saint-Léon (1860), dans le style du XIVe siècle, avec deux tours disgracieuses et un portail écrasé ; — Saint-Pierre (1855), dont il est difficile de juger la façade tant que les tours resteront inachevées mais dont la nef hardie, légère, de justes proportions, offre le rare exemple d'une construction néogothique sans maigreur ni sécheresse ; — Saint-Joseph, dans le style roman français, décoré avec une lourde opulence ; — le Sacré-Cœur, bâti aussi dans le style roman et dont les travaux ne sont pas encore terminés.

Sauf quelques façades, dont il sera parlé un peu plus loin, rien dans le Nancy des trente dernières années, rien, sinon l'animation des grandes rues, ne révèle la vie ardente de la ville nouvelle. Dans la vallée de la Meurthe, en amont et en aval, se sont installées des forges, des filatures, des brasseries. Dans la ville même prospèrent de grands établissements industriels. L'Université de Nancy est devenue un foyer de recherches et d'expériences scientifiques. Le mélange du sang lorrain avec le sang alsacien et le sang messin a ajouté de nouvelles qualités aux qualités héréditaires des Nancéiens. Il n'est pas en France de peuple plus entreprenant, plus opiniâtre et plus sage. De ces richesses, de cette activité, de ces efforts vous chercheriez vainement un signe visible dans le décor de la ville, ou dans ses monuments.

Et pourtant l'art tient une grande place dans la gloire nouvelle de Nancy ! C'est en Lorraine qu'un des plus grands artistes de la fin du XIXe siècle, Émile Gallé, a créé toute son œuvre. Mais l'art de Gallé et des artistes lorrains qui se sont inspirés des enseignements du grand verrier a été d'abord un art de vitrine, puis un art d'appartement. C'est seulement dans ces dernières années qu'on a tenté de l'appliquer à la construction. Il n'a pas encore pu imprimer à la ville une physionomie particulière.

Il y a dans le musée de Nancy une vitrine qui renferme de belles verreries de Gallé. Ce n'est pas assez. Il faudrait mettre sous nos yeux, rangées selon l'ordre chronologique, une série de pièces qui pût révéler la longue suite de ses travaux, de ses recherches et de ses inventions. On y montrerait les premiers verres qu'il orna de fleurs et les premières faïences qu'il décora de devises dans l'atelier paternel, car, dès l'adolescence, il eut le goût des plantes et des symboles, étant né botaniste et poète. Puis ce seraient des faïences de Saint-Clément où quelques fantaisies, des fleurs animées, des fables de La Fontaine laissent deviner l'influence — imprévue — de Grandville ; les verreries, infiniment diverses, par lesquelles Gallé tenta d'imiter tour à tour les gemmes, les cristaux anciens, les émaux des lampes arabes, même les caprices de la céramique japonaise ; les premières pièces où il eut l'audace de conserver les impuretés du cristal, laissant ainsi à la matière les tons charmants de l'ambre et du quartz enfumé ; les vases incomparables où, maître de son art, il emprisonna des fleurs, des feuilles, des mousses, des algues, des insectes et jusqu'à des ferments sous une enveloppe mystérieuse qui semble faite d'opale, de marbre, d'agathe, de nacre, d'azur, de neige, de joie, et de mélancolie ; enfin, ses dernières œuvres, celles où il a voulu appliquer au verre les procédés de la marqueterie.

Si l'on voyait ainsi la succession des essais, des trouvailles et des chefs-d'œuvre, on comprendrait mieux et on admirerait davantage le prodigieux effort de cet artiste.

L'incessant désir de perfectionner et de renouveler la technique de son métier tourmenta toute sa vie. Sur le fond même de l'art sa pensée ne varia jamais. Pour lui forme et décor devaient procéder de l'observation directe de la nature. Cette maxime fut le principe et la fin de toute son œuvre. Il l'appliqua sans relâche, étudiant avec la patience et la méthode du naturaliste la flore et la faune de son pays. Il ne cessa pas non plus de l'enseigner, car il ne laissait à personne le soin d'être l'exégète de ses ouvrages et avait le goût de l'apostolat. Il fut le fondateur et le président de l' « École de Nancy » où il groupa ses disciples et ses imitateurs, association que préside aujourd'hui M. Prouvé.

Émile Gallé a été ainsi l'initiateur d'un grand mouvement artistique. Aux verriers, aux céramistes, aux artistes qui décorent le bois, l'étoffe ou le métal il a montré la route nouvelle ou, pour mieux dire, la route éternelle. Il leur a rappelé qu'il y avait des fleurs dans les champs, que toutes étaient dignes d'être regardées avec amour et que les plus humbles d'entre elles pouvaient se transformer en motifs d'ornements harmonieux et expressifs. Cette leçon fut entendue par les artistes de France.

Mais les Lorrains surtout furent dociles à l'influence de Gallé ; ils avaient sous les yeux non seulement ses œuvres, mais encore l'exemple de sa vie ; ils subissaient la contagion de sa foi. Ses succès excitaient l'émulation des autres industriels de Nancy. M. Daum exécutait des verreries ; M. Majorelle ouvrait des ateliers divers et imaginait dans un goût nouveau, des meubles, des tentures, des bronzes, des vitraux, des serrureries. M. Vallin bâtissait et sculptait des meubles. Enfin des architectes, MM. André, Biet, Bourgon, Sauvage, Weissenburger se mettaient à élever des maisons selon les principes et dans le style de l' « École de Nancy ».

Il est encore trop tôt pour juger l'ensemble de l'œuvre accomplie par les ateliers nancéiens. Il serait injuste de ne point tenir compte des tâtonnements auxquels furent condamnés les chefs de ces ateliers obligés de créer chez eux des industries nouvelles et de tout apprendre à des artisans routiniers ; plus injuste encore de ne pas remarquer les qualités de goût et de mesure qui distinguent leurs ouvrages parmi tant de productions plus ou moins incohérentes, désignées, depuis vingt ans, par le mot de *modern style*. Il faut pourtant relever l'erreur qui, dès l'origine, a contrarié tant de beaux efforts, erreur dont Gallé lui-même fut responsable. Verrier, il pensa que la nature devait lui fournir les modèles du décor et de la forme. Il modela des vases à l'imitation des tiges et des corolles. La réussite en fut merveilleuse : tout caprice est permis dans l'exécution d'un bibelot de vitrine. Plus tard, Gallé se fit marqueteur et ébéniste. Dans ces travaux il continua de pratiquer sa maxime favorite. L'étude de la nature le servit encore dans la composition de ses marqueteries ; par la combinaison des bois diversement colorés il figura sur ses panneaux des arbres, des fleurs, des insectes. Mais lorsqu'il prétendit fabriquer des meubles, alors apparut clairement la fragilité de sa grande maxime. Certains ont mis ses défaillances sur le compte de l'inexpérience. En vérité, c'était le principe même qui était en cause. La nature est la meilleure, peut-être la seule école du décorateur. Elle n'a jamais rien enseigné au constructeur. C'est un simple jeu d'imagination que de retrouver la structure d'un palmier dans le pilier gothique s'épanouissant en arcs d'ogive. Ni le tronc de l'arbre ni la tige de la fleur ne sont propres à soutenir un siège ou une table. Il faut au meuble de l'aplomb et de l'équilibre.

L'inconvénient se manifesta avec la dernière évidence, quand l' « École de Nancy » voulut passer du meuble à l'architecture. Le spectacle de la place Stanislas aurait dû la faire réfléchir. A côté des grilles contournées et fleuries de Jean Lamour, les façades d'Emmanuel Héré gardent leur sage pondération et leur noble sobriété. Même au temps de la rocaille, on se conformait aux nécessités de l'art de bâtir, on n'admettait la ligne courbe dans les plans ou dans les élévations que si elle laissait aux architectures leur apparence d'équilibre et de solidité.

Les maisons élevées à Nancy dans le style nouveau montrent d'étranges applications de la botanique à la construction. Elles sont faites à l'image des meubles de Gallé ou de Majorelle. Elles offrent un excès de pittoresque, qui n'est pas sans agrément dans des villas isolées, mais qui laisse une fâcheuse impression de désordre, quand ces façades sont rangées à l'alignement d'une rue. Le parti pris géométrique engendre une terrible monotonie ; mais on en peut dire autant du parti pris inverse, qui affadit tous les contours, supprime tous les angles et fait onduler toutes les lignes.

Il faut reconnaître qu'aujourd'hui architectes et industriels nancéiens semblent s'acheminer vers un art plus simple et plus logique, sans rien sacrifier de la grâce et de la vérité du décor. M. Majorelle donne à ses dernières créations une élégance plus forte et plus apaisée. M. Vallin construit des meubles robustes dont les gorges sont largement et profondément moulurées ; il s'efforce de supprimer de ses panneaux tout relief qui ne soit pas la conséquence nécessaire du plan général. Il a récemment collaboré au dessin de deux façades qui sont peut-être les deux morceaux d'architecture les plus intéressants du Nancy contemporain (une maison particulière rue Stanislas et une banque rue Saint-Dizier) ; il y a mis la marque de son talent sobre, puissant et réfléchi.

Quel que soit notre sentiment sur ces essais d'un style nouveau, nous ne saurions trop admirer l'exemple de goût et d'énergie que les Nancéiens ont donné au reste de la France. Entre Lorrains, ils ont créé les multiples industries qui concourent au décor d'une maison moderne. Fidèles à leur foyer et à leurs traditions, ils n'ont rien demandé à Paris. Ils ont été les seuls en France à tenter pareille entreprise.

Sans doute on regrette que cette grande activité artistique n'ait point davantage contribué à la beauté monumentale de la ville moderne. Mais Nancy a hérité du passé des édifices et des aspects si magnifiques que, longtemps encore, il pourra se contenter du legs des siècles. Ces aspects, ces édifices étaient en rapport avec l'importance qu'il avait pris comme capitale du duché de Lorraine et que la monarchie entendait lui conserver. La convenance fut moins parfaite, après la Révolution, quand Nancy fut réduit au rang d'un simple chef-lieu de département. Depuis qu'il est devenu une des premières villes de France, la parure qu'il reçut de Stanislas sied à l'éclat de sa nouvelle fortune.

NOTE BIBLIOGRAPHIQUE

Si je me suis interdit, dans ce petit livre, de donner aucune « référence », on y eut trouvé, au bas de chaque page, l'indication de *l'Histoire de la ville de Nancy* par M. Chr Pfister. En outre, M. Pfister lui-même a bien voulu s'intéresser à mon modeste travail : je lui en exprime ici ma profonde reconnaissance.

Je remercie aussi M. Favier, conservateur de la Bibliothèque de Nancy, qui m'a prodigué ses utiles conseils; M. Lucien Wiener qui m'a très gracieusement accueilli dans l'admirable Musée lorrain dont il est le conservateur; M. Pierre Boyé, l'historien de Stanislas qui avec une rare obligeance m'a fait profiter de ses recherches; M. Paul qui m'a permis de reproduire les excellentes photographies qu'il a exécutées des œuvres exposées dans les musées; M. Bergeret qui a bien voulu mettre à ma disposition des clichés dont il est l'éditeur.

Ouvrages consultés :

Auguin, *Monographie de la cathédrale de Nancy.* Nancy, 1882 ; — Boffrand (Germain), *Le livre d'architecture contenant les principes généraux de cet art et les plans, élévations et projets de quelques-uns des bâtiments faits en France et dans les pays étrangers.* Paris, 1745 ; — Boyé (Pierre), *Un roi de Pologne et la cour ducale de Lorraine ; Stanislas Leszczynsky et le troisième traité de Vienne.* Paris, 1898 ; *Les derniers moments du roi Stanislas.* Nancy, 1898 : *Lettres inédites du roi Stanislas duc de Lorraine et de Bar à Marie Leszczinska* (1754-1766). Paris, Nancy, 1901 ; *Le butin de Nancy.* Nancy, 1905. — Compte général de la dépense des Edifices et Bâtiments que le roy de Pologne, duc de Lorraine et de Bar, a fait construire pour l'embellissement de la ville depuis 1751 jusqu'en 1759. Lunéville, 1761 ; — Courbe (Charles), *Promenades historiques à travers les rues de Nancy au XVIII° siècle, à l'époque révolutionnaire et de nos jours,* Nancy, 1883 ; *Les rues de Nancy du XVI° siècle à nos jours.* (3 vol.) Nancy, 1885-1886 ; — Cournault (Charles), *Ligier Richier.* Paris. s. d.; *Jean Lamour.* Paris, s. d. ; — Favier, *Note sur le hanap en vermeil du Musée lorrain.* Nancy, 1893 ; — Germain (Léon), *Le lit d'Antoine, duc de Lorraine et de la duchesse René de Bourbon.* Nancy, 1895 ; — Gonse, *Les musées de province.* Paris, 1900 ; — Guillaume (abbé), *Cordeliers et Chapelle ducale de Nancy.* Nancy. 1851 ; — Haussonville (c^to d'), *Histoire de la réunion de la Lorraine à la France.* (4 vol.). Paris, 1854 ; — Henrivaux (Jules), *Emile Gallé, sa vie, son œuvre. (Collection de l'art décoratif).* Paris. — Héré, *Recueil des plans, élévations et coupes, tant géométrales qu'en perspective, des châteaux, jardins et dépendances que le roy de Pologne occupe en Lorraine, y compris les bâtiments, etc. Le tout dirigé et dédié à sa Majesté par M. Héré, son premier architecte.* (2 atlas) s. d. ; *Plans et élévations de la place Royale de Nancy et d'autres édifices qui l'environnent, bâtie par les ordres du Roy de Pologne, duc de Lorraine. Dédiés au Roy de France par Héré, premier architecte de Sa Majesté Polonaise. M. D. CCLIII ;* — Lamour, *Recueil des ouvrages en serrurerie que Stanislas le Bienfaisant. roy de Pologne. duc de Lorraine et de Bar, a fait poser sur la place Royale de Nancy à la gloire de Louis le Bien-Aimé ; composé et exécuté par Jean Lamour, son serrurier ordinaire, avec un discours sur l'art de la serrurerie et plusieurs autres dessins de son invention.* Nancy, 1767 ; — Lepage (Henri), *Le Palais ducal.* Nancy, 1861 ; *Une famille de sculpteurs lorrains.* Nancy, 1863 ; *Les archives de Nancy* (4 vol.) Nancy, 1865 ; — Lionnois (abbé), *Histoire des villes vieille et neuve de Nancy depuis leur fondation jusqu'à 1788.* (3 vol.) Nancy 1805-1811 ; — Méaume, *Recherches sur quelques artistes lorrains.* Nancy, 1852 ; — Mourin (Ernest), *Récits lorrains. Histoire des ducs de Lorraine et de Bar.* Nancy, 1895 ; — Nouvelles constructions de Nancy, Recueil de façades de style moderne édifiées à Nancy. Paris, s. d. ; — Pfister (Chr.), *Histoire de la ville de Nancy.* Nancy, 1902 : — Vachon (Marius), *Jacques Callot.* Paris, s. d. ; — Wiener (Lucien), *Sur les sculptures en bois attribuées à Bagard.* Nancy, 1874 ; *Musée historique lorrain. Catalogue des objets d'art et d'antiquités.* Nancy, 1895.

Il convient d'ajouter à cette liste les collections des revues et périodiques : *Mémoires de l'Académie de Stanislas ;* — *Mémoires de la Société d'archéologie lorraine ;* — *Journal de la Société d'archéologie lorraine et du Comité du Musée lorrain ;* — *Annales de l'Est ;* — *Lorraine-artiste ;* — *Pays Lorrain ;* — *Revue lorraine illustrée.*

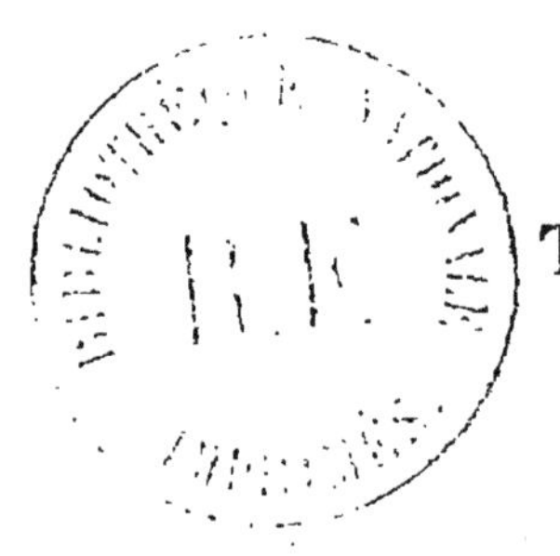

TABLE

—

ÉVREUX, IMPRIMERIE CH. HÉRISSEY

PLAN GÉNÉRAL DE NANCY

LEVÉ EN 1758[1]

TABLE DES RENVOIS

A. — Citadelle.
B. — Porte Notre-Dame.
C. — Casernes.
D. — Tours Notre-Dame.
E. — Paroisse Notre-Dame.
F. — Cordeliers.
G. — Nouveau corps de Casernes.
H. — Pénitents blancs.
I. — Place Saint-Epvre.
K. — Paroisse Saint-Epvre.
L. — Dames Précheresses.
M. — Hôtel des Monnaies.
N. — Porte Saint-Jean.
O. — Prémontrés.
P. — Petites Carmélites.
Q. — Minimes.
R. — Visitation.
S. — Carmes.
T. — Collège des Jésuites et Paroisse Saint-Roch.
V. — Jacobins.
X. — Sœurs grises.
Y. — Hôpital Saint-Julien.

Z. — Congrégations.
&. — Hôtel de la Gendarmerie.
AA. — Hôpital Saint-Charles.
BB. — Augustins.
CC. — Primatiale.
DD. — Porte Saint-Georges.
EE. — Pénitents noirs.
FF. — Paroisse Saint-Sébastien.
GG. — Ancienne Primatiale.
HH. — Tiercelins.
II. — Orphelines.
KK. — Bénédictines.
LL. — Grandes Carmélites.
MM. — Tiercelines.
NN. — Dames du Saint-Sacrement.
OO. — Chanoines réguliers.
PP. — Refuge.
QQ. — Annonciates.
RR. — Capucins et Paroisse Saint-Nicolas.
SS. — Noviciat des Jésuites.
TT. — Salpêtrière.
VV. — Porte Saint-Nicolas.

1. Ce plan a été publié en tête du *Compte général de la défense des Édifices et bâtiments que le roy de Pologne, duc de Lorraine et de Bar, a fait construire pour l'embellissement de la ville depuis 1751 jusqu'en 1759.* — Les renvois en chiffres se réfèrent aux bâtiments de Stanislas.

TABLE DES RENVOIS

(Suite)

1. — Pavillons destinés au logement des officiers de la garnison.
2. — Bibliothèque publique où se tiennent les assemblées de l'Académie des Sciences, fondée par S. M. en 1750.
3. — Intendance.
4. — Promenade du Bastion.
5. — Fer à cheval.
6. — Pavillons terminant la Carrière.
7. — Place de la Carrière.
8. — Maisons de particuliers dont le Roi a fait bâtir les faces.
9. — Hôtel consulaire.
10. — Palais.
11. — Arc de Triomphe ou Porte Royale.
12. — Rue du passage dont les façades ont été construites aux frais de S. M.
13. — Fontaines de Neptune.
14. — Fontaines d'Amphitrite.
15. — Pavillons de la Comédie et du Collège Royal des Médecins.
16. — Hôtel des Fermes.
17. — Pavillon Jacquet.
18. — Pavillon de M. Alliot.
19. — Hôtel de Ville.
20. — Statue pédestre de Louis XV.
21. — Frères de la Charité fondés par le Roi en 1750.
22. — Maisons de particuliers auxquels le Roi a accordé des terrains et fait bâtir des façades.
23. — Pyramide et fontaines d'alliance élevées par le roi de Pologne pour le monument de l'alliance du R. T. C. et de la Reine de Hongrie par le traité de 1756.
24. — Logement bâti dans l'Hôpital Saint-Julien pour les Orphelins fondés par le Roi en 1747.
25. — Porte Saint-Stanislas.
26. — Porte Sainte-Catherine.
27. — Jardin de Botanique.

La Carrière et la place Stanislas. — Vue prise du clocher de Saint-Evre.

Cliché Neurdein.

Place Saint-Stanislas.

Rue du Petit-Bourgeois.

Musée de Nancy. — Delacroix : Mort de Charles le Téméraire
à la bataille de Nancy.

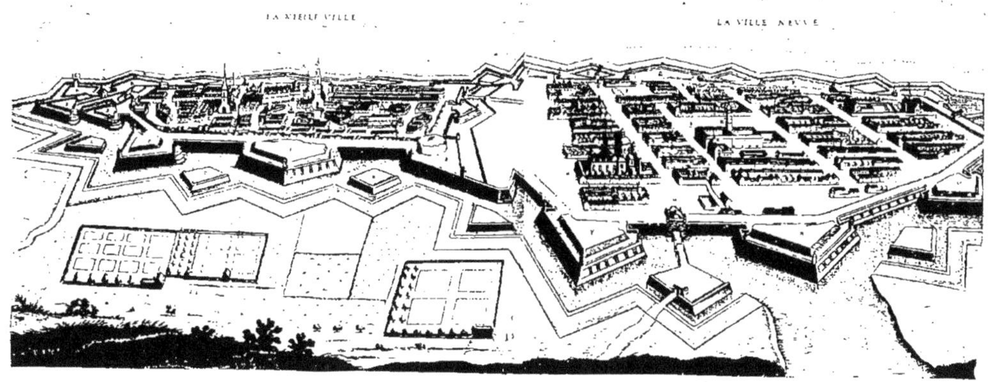

Nancy en 1646.

Cliché Bergeret.

Maison à la Vierge.

La Meurthe au pont d'Essey

Publication Guérinet.

Portes de la Renaissance dans la Grande-Rue.

Porte de la Maison du Peuple.
Sculpture de M. Prouvé.

Les Cordeliers. — Stalles du chœur.

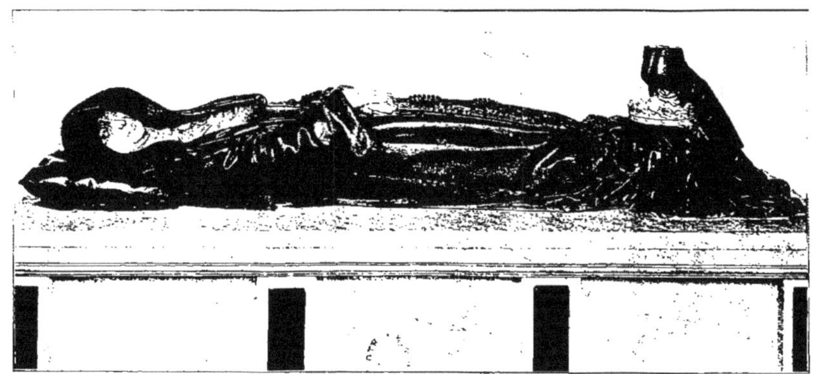

Monument de Philippe de Gueldres, par Ligier Richier.

Cliché Bergeret.

Monument du cardinal de Vaudémont,
par Florent Drouin.

Autel de la Chapelle funéraire des ducs de Lorraine.

Porte de la Citadelle (Façade extérieure).

Cliché Neurdein.

Porte de la Craffe.

Hôtel de Lillebonne.

Fontaine de l'ancien hôtel du marquis de Ville.

Porte renaissance de la Ville-Vieille.

Porte renaissance de la Grande-Rue.

Intérieur de cour. — Grande-Rue, n° 29.

Cour, 4 et 6, rue Saint-Michel.

Ancienne église de Saint-Evre.

Église Saint-Èvre.

Cliché Neurdein.

Porterie du palais ducal.

Petite porterie du palais ducal.

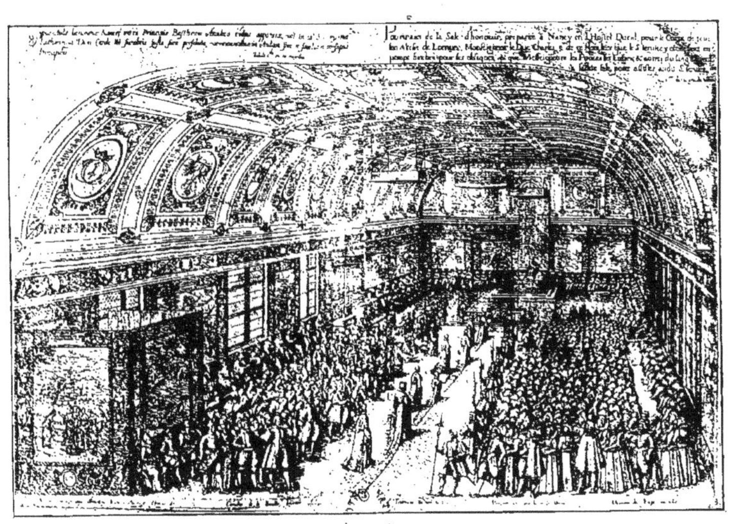

Gravure extraite de la « Pompe funèbre de Charles III ».

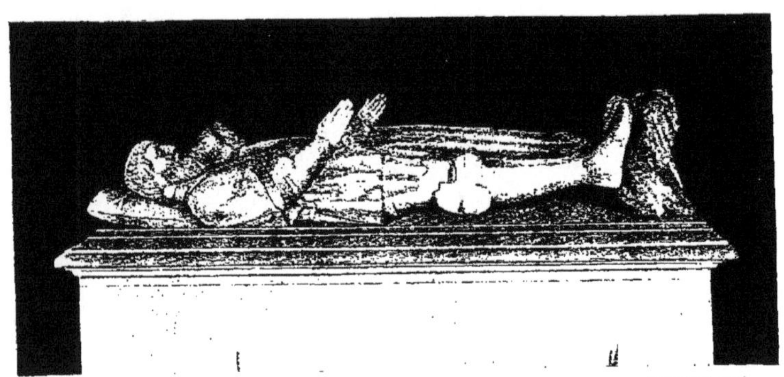

Musée Lorrain. — Ligier Richier : Tombeau de René de Beauvau
et de Claude de Baudoche sa femme.

Musée Lorrain. — Lit du duc Antoine.

Musée Lorrain. — Une des tapisseries dites de Charles le Téméraire.

Porte Saint-Georges.

Cathédrale.

Publication Guérinet.

Cathédrale.

Cliché Bergeret.

Porte, nᵒ 11, rue Montesquieu.

Cliché Bergeret.

Statue de Stanislas.

Cliché Bergeret.

Statue de Louis XV détruite par la Révolution.

Publication Guérinet.

Grilles de la maison de Jean Lamour.

Publication Guérinet.

Maison des Adam.

Cliché Bergeret.

Maison décorée par Clodion.

Église de Bonsecours.

Église de Bonsecours.

Monument de Stanislas.

Le séminaire, ancienne maison des Missions royales.

Hôtel de ville.

Cliché Bergeret.

Escalier de l'hôtel de ville.

Publication Gueriuet.

Hôtel de ville. — Salon dit de l'Académie.

Pavillons de la place Stanislas.

Portiques de Lamour et fontaines de Guibal.

Place Stanislas. — Grilles de Lamour.

Fontaine d'Amphitrite.

Arc de Triomphe.

Place de la Carrière et Palais du Gouvernement.

Hémicycle et Palais du Gouvernement.

Publication Guérinet.

Palais du Gouvernement.

Place d'Alliance.

Cliché Neurdein.

Statue de Claude Gelée par Rodin.

Musée de Nancy. — Rubens : La Transfiguration.

Cliché de M. Paul.

Musée de Nancy. — Poussin : Entrée de Jésus à Jérusalem.

Publication Guérinet.

Publication Guérinet

Salle des fêtes de l'hôtel de ville — Médaillons de M. Prouvé.

Jeanne d'Arc de Fremiet.

Cliché Bergeret.

Église Saint-Pierre.

Portrait de Gallé, par M. Prouvé.

Rampe d'escalier par M. Majorelle.

Vases de Gallé.

Salle à manger, par M. Vallin.

Publication Schmid.

Maison rue de la Commanderie. — M. Biet, architecte.

Paris